Hartmut Jaeger/Joachim Pletsch (Hrsg.)

AUS DER TRAUM?

Die Folgen des 11. Septembers

D1925494

HARTMUT JAEGER/JOACHIM PLETSCH (HRSG.)

Aus der Traum?

Die Folgen des 11. Septembers

CHRISTLICHE VERLAGS-GESELLSCHAFT DILLENBURG

idea
Evangelische Nachrichtenagentur

BILDNACHWEISE:

S. 7; 48; 61; 65; 66: idea
S. 12; 18; 22; 41; 42: visipix
Titelbild; S. 8; 11; 14; 35; 46; 48: dpa
S. 56; 68; 74; 79; 80; 81; 83: Internet
alle weiteren Abbildung: typtop

IMPRESSUM:

Jaeger Hartmut/Pletsch Joachim (Hrsg.):
Aus der Traum? Die Folgen des 11. Septembers

ISBN 3- 69436-330-4

© Copyright 2001

Koproduktion:	Christliche Verlagsgesellschaft, Dillenburg idea – Evangelische Nachrichtenagentur, Wetzlar
Satz&Gestaltung:	typtop – Andreas Fett, Meinerzhagen
Cover:	idea – Evangelische Nachrichtenagentur, Wetzlar
Druck:	Elsnerdruck, Berlin Printed in Germany

Inhalt

Helmut Matthies

Seit langem ist nicht mehr so viel von Gott und von der Endzeit die Rede gewesen

„8.45 – Die Minute, in der die Welt zusammenbrach“. So titelte das große deutsche Zeitgeist-Magazin „Max“ und drückte damit aus, was weltweit gedacht wird. Seit der friedlichen Revolution 1989, als der Eiserne Vorhang und mit ihm gleich mehrere Diktaturen zerbrachen, wurde nicht mehr derart eine völlig neue Zeit heraufbeschworen wie in diesen Tagen. Große Tageszeitungen schrieben gar von der Endzeit, vom Ende der Oberflächlichkeit, der Spaßgesellschaft, der Sicherheit. Seit langem ist nicht mehr so viel von Gebet und Gott die Rede, sind die Gottesdienste so stark besucht.

Das Entsetzen war so groß, dass selbst Deutschlands Massenblatt „Bild“, das ansonsten die Gebote Gottes vielfach mit Füßen tritt, titelte:

„Großer Gott, steh uns bei!“

Tausende Tote in Amerika! 7 Sonder-Seiten
Die Welt in Angst! Gibt es Krieg?
Bild
Großer Gott, steh uns bei!

Was die Bibel prophezeit hat

Doch haben die Kirchen die Chance genutzt, nun auch zur Umkehr zu Gott und zu seinen Geboten zu rufen?

In zahllosen Stellungnahmen war viel von Entsetzen und Betroffenheit die Rede – genauso wie bei Politikern. Doch hätte die Bibelkenntnis nicht auch noch zu anderen Voten führen müssen? Jesus sagt doch eindeutig (Matthäus 24):

> *„Ihr werdet hören von Kriegen und Kriegsgeschrei; seht zu und erschreckt nicht, denn es muss so geschehen; aber es ist noch nicht das Ende da.“*

Paulus schreibt, dass das Böse immer mehr zunehmen werde (2. Timotheus 3). Wundern wir uns, wenn nun eintrifft, was die Bibel verheißt? Und was ist zu tun in allem? Das ganze Neue Testament ist durchzogen von der Aufforderung: *Tut Buße! Kehrt um! Glaubt an das Evangelium!* Denn sonst kommt ihr genauso um! Davon war bisher wenig zu lesen und zu hören.

8.45 – die Minute, in der die Welt zusammenbrach

Bleiben die Kirchen den zu Recht verängstigten Bürgern die entscheidende Wegweisung schuldig? Denn wenn die jetzige Betroffenheit wirklich zu einer Sinnesänderung führen soll, dann kann dies nur durch eine Hinkehr zu dem Gott erfolgen, der in Jesus Mensch wurde.

Der Bußruf hat einen klaren Adressaten. Die millionenfach gelesene Tageslosung der Herrnhuter Brüdergemeine am Tag des Infernos (11. September) lautete:

> *„So sollst du nun wissen, dass der Herr, dein Gott,* ***allein*** *Gott ist."*

Seine Barmherzigkeit gilt denen, *„die ihn lieben und seine Gebote halten"*. Gott allein. Der Ratsvorsitzende der EKD hat in seiner im Fernsehen übertragenen Predigt gesagt, dass sich Christen, Juden und Moslems an vielen Orten versammeln, um bei „Gottes Namen Zuflucht zu suchen".

Doch ist Allah tatsächlich identisch mit dem Vater Jesu Christi? Kann man von „Gottes Namen" für Christen, Juden und Moslems in gleicher Weise sprechen, wenn im Koran behauptet wird, Jesus sei überhaupt nicht gekreuzigt worden? Das heißt: Die Erlösung, das Heil, auf das sich christlicher Glaube gründet, hätte dann überhaupt nicht stattgefunden? Islam und Christentum trennt das Entscheidende.

Ein Bußruf – auch an uns

Die Losung am Tag der Weltkatastrophe ist ein Bußruf an uns alle, allein auf den Gott der Bibel, den Vater Jesu Christi, zu vertrauen, ja zu ihm umzukehren, wenn sein Bild vermischt wurde mit anderen „Göttern“. Ein Bußruf auch, Gottes Gebote zu halten. Denn nur dann gilt uns seine Barmherzigkeit.

Ein Bußruf auch an die USA.

Der Anschlag galt einem Symbol der Globalisierung, die in Wahrheit eine „globale Amerikanisierung“ ist (Peter Scholl-Latour). Ist Amerika noch empfänglich für die Überheblichkeit, die seiner Politik besonders in Ländern der Dritten Welt vorgeworfen wird? Wer fragt, woher der unvorstellbare Hass gegen die USA rührt?

Ein Bußruf auch an Israel.

War es unbedingt nötig, am Tag nach dem Terrorakt mitten im Schock militärisch gegen die Palästinenser vorzugehen?

Ein Bußruf auch an Deutschland.

Die Gründe liefert der Blick in jede Tageszeitung. Und auch das sollte uns die neue Lage lehren: Im Neuen Testament ist nicht nur vom „lieben Gott“ die Rede, sondern auch davon, dass es *„schrecklich ist, in die Hände des lebendigen Gottes zu fallen“* (Hebräer 10,31).

Die alle Welt aufrüttelnde Katastrophe in den USA – möglicherweise ist sie ein letztes Signal, zu Gott umzukehren. ■

Was tun nach dem Schock?

Wie reagieren die Menschen auf den Schock des 11. Septembers? Die direkt Betroffenen vor Ort, die Menschen in Amerika und die Menschen hier bei uns in Europa. In den ersten Tagen nach dem Attentat galt unser Mitgefühl besonders stark denen, die von der Katastrophe in New York direkt betroffen waren. Wir haben nach Amerika geschaut und die Menschen gesehen, die gelitten haben, denen der Schmerz, das Entsetzen im Gesicht geschrieben stand, deren Hoffnung schließlich mehr und mehr der Trauer weichen musste, weil mit jedem Tag die Aussicht auf Überlebende immer mehr schwand.

Ein Schock kann heilsam sein, denn er lässt uns innehalten und die Dinge mit anderen Augen sehen. Er schärft plötzlich unser Bewusstsein. Mit einer selten erlebten Intensität nehmen wir Dinge wahr, die vielleicht noch nie in unser Bewusstsein vorgedrungen sind. Ein Schock kann der Anlass sein, eine längst notwendige Lebenswende zu vollziehen:

- Ich muss mich mehr um meine Familie kümmern ...
- Das Leben kann ganz plötzlich vorbei sein ...
- Meine Zeit will ich nun sinnvoller nutzen ...
- Gibt es einen Gott? Wie kann ich ihn erreichen?
- Auf diese eigentlich immer verdrängten Fragen muss ich endlich eine Antwort finden ...

So oder ähnlich hat vielleicht mancher gedacht und einer Besinnung, zunächst einem Fragen und dann einem Suchen durch sein Verhalten in den Tagen nach dem Terroranschlag Ausdruck gegeben. Überall erlebte man, dass von vielen die Kirchen wieder aufgesucht wurden ...

Uwe Siemon-Netto

Überall in Amerika ist von Umkehr die Rede

Noch nie in meinen fast 40 Amerika-Jahren habe ich dieses Land so sehr geliebt wie in dieser Woche seiner größten Not. Noch nie fühlte ich mich meiner langjährigen Wahlheimatstadt New York so verbunden wie jetzt, da sie ihr wahres Gesicht zeigt – ein Gesicht überwältigender Menschlichkeit. Da standen ihre Bürger fünf Stunden lang Schlange, um Geld zu spenden. Da weinte der hünenhafte Gouverneur George Pataki ungeniert am Bildschirm. Da vergossen hunderttausende rauhbeiniger New Yorker Tränen für einen kleinen katholischen Priester, den Trümmer und Stahlbalken erschlugen, als er einem sterbenden Feuerwehrmann die letzte Ölung gab – einem jener 343 Männer, die ohne Rücksicht auf ihr Leben in die Feuersbrunst gerast waren, um andere zu retten, und die dann selbst verbrannten.

Das sind Heldengeschichten aus dem ersten Krieg des 21. Jahrhunderts. Kleine Helden waren aber auch meine Nachbarn in Washington, die sich ohne Panik diszipliniert aus dem Regierungsviertel entfernten, nachdem auch dort ein entführtes Passagierflugzeug ins Verteidigungsministerium eingeschlagen war. Meine Redaktion liegt im Sperrgebiet beim Weißen Haus. Eine Sekretärin bat mich, mit ihr zu beten. Einige Redakteure saßen in sich versenkt vor ihren Bildschirmen, bevor sie ihren Arbeitstag begannen, der 24 Stunden währen sollte. Einer sprach von einem „transformierenden Ereignis", und bald schien das jeder in diesem Land zu sagen, das „einen Weckruf" erhalten habe, wie Rabbiner Steve Weisman es formulierte. Nichts ist mehr so wie vor dem 11. September.

Ein „Augenblick moralischer Klarheit"

Aufgerüttelt durch das unverkennbare Böse, ist diese riesige Nation zusammengerückt wie eine Großfamilie. Worte der Scham und der Reue über die Abwendung von Gott wurden laut. Nicht nur der Baptistenpastor Jerry Fallwell fragte, ob die Terroranschläge

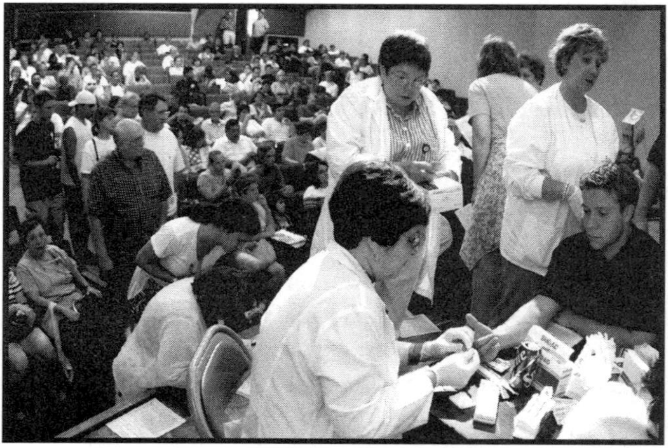

Blutspende in den USA – die Nation rückt zur Großfamilie zusammen

vielleicht ein Gottesgericht über das Land sein könnten, in dem im letzten Vierteljahrhundert 40 Millionen ungeborene Babies umgebracht worden seien. Zwar hielt das „Gewissen der Nation", der frühere Erziehungsminister William Bennett, dieses Urteil für zu flink, sprach aber zugleich von einem „Augenblick moralischer Klarheit". Bennett: „Wir haben wohl alle in dieser Woche gelernt, klar zwischen Gut und Böse zu unterscheiden." Rabbiner Harold Kushner aus Boston stimmte ihm zu: „Wir alle haben unser Leben neu geweiht."

Seit dem 11. September höre ich das Wort „Umkehr" allenthalben, zumal bei öffentlichen Gebeten. Als Präsident Bush den vergangenen Freitag zum Tag des Gebetes erklärte, ging ich in eine überwiegend schwarze Methodistengemeinde in der Innenstadt. Da war kein Pastor weit und breit – nur Berufstätige in ihrer Mittagspause – Schwarze und Weiße. Einige saßen mit gesenkten Köpfen da. Andere starrten mit feuchten Augen zu den Kerzen auf dem Altar. Ein Mittdreißiger stand auf und bat uns, im Wechsel mit ihm Psalmen zu sprechen. Bevor wir uns versahen, war ein improvisierter Gottesdienst im Gange.

„Und wenn die Welt voll Teufel wär ..."

„America, America!" rief eine dunkelhäutige Dame sonor, und wir stimmten mit ihr in diesen patriotischen Hymnus ein. „Zeit für ein Fürbittegebet und das Vaterunser", schlug eine hübsche junge Frau hinter mir vor; wir

wandten uns alle ihr zu, folgten ihren Worten. „Jetzt aber den 37. Psalm!", verlangte eine andere. Wir beteten mit ihr:

> *„Entrüste dich nicht über die Bösen ... denn wie das Gras werden sie bald verdorren, und wie das grüne Kraut werden sie verwelken."*

Ein Weißer empfahl nun Luthers „Ein' feste Burg". „Mann, ist das kraftvoll", flüsterte die Frau hinter mir bei der zweiten Strophe, in der es heißt: „Und wenn die Welt voll Teufel wäre und wollt uns gar verschlingen."

Dann kam der Höhepunkt: Eine kleine Schwarze erhob sich; sie war wohl kaum 17. Sie predigte wuchtig von ihrer Sehnsucht nach Versöhnung zwischen den Rassen, von Einheit, Buße und Umkehr. Sie klang so überzeugend, dass uns ein Kribbeln wie bei einem besonders glanzvollen Konzert den Rücken hinunterlief.

Wir kehrten still an unsere Schreibtische zurück. In der Geburtsstunde des leidenden, mündig gewordenen, neuen Amerikas hatten wir in dieser Kirche Gottesdienst einmal ganz anders erlebt. ■

Im Sog der Spekulationen

Der ersten Betroffenheit folgt bald nüchternes Nachdenken und Analysieren. Zweifellos ist das wichtig. So etwas darf nicht noch mal passieren, ist die Überzeugung, die aus Unglücken, Katastrophen und Terroranschlägen erwächst. Deshalb versucht man nun so schnell wie möglich Ursachen, Begleitumstände, Schuldige usw. zu klären. Und im Sog der Medien werden wir alle von dieser Aufklärungssucht mitgerissen. Bedauerlich, dass dabei die Besinnung bei so manchem abgeschlossen wird, bevor sie etwas in seinem eigenen Leben bewirken und verändern konnte.

Was keiner geglaubt hat, wird nun wieder Gesprächsthema: Welche Rolle spielt die Religion? Ist es nicht unfassbar, dass Menschen zum Mittel des Terrors greifen und sich dabei auf ihren Gott berufen? Was ist eigentlich der Islam? Seine Sitten und Gebräuche haben wir z. T. in unserer Gesellschaft wahrgenommen durch die vielen Moslems, die bei uns leben. Aber interessiert hat sich eigentlich keiner so richtig dafür, welche Gedanken dahinter stecken. Warum sollte man auch für den Islam als Religion mehr Interesse zeigen als für das Christentum, von dem sich schon so viele längst verabschiedet haben? Aber jetzt, wo der Lebensnerv unserer westlichen Welt getroffen wurde, besteht plötzlich Klärungsbedarf. Wollen alle Religionen dasselbe? Ist Allah mit unserem christlichen Gott gleichzusetzen?

Oder kann man etwa Gott für diesen Terroranschlag verantwortlich machen?

Wenn man Gott und Allah nicht unterscheidet…

Christliche Kirche und islamische Moschee in alten Kupferstichen

Helmut Matthies

Ist „Gott“ der Auftraggeber der Attentate?

Wenn zwischen Allah und dem Vater Jesu Christi nicht unterschieden wird

Am letzten Samstag prangte es auf der Titelseite von Europas auflagenstärkstem Massenblatt, „Bild“:

„Der Terrorbefehl: Am Abend, bevor du deine Tat verübst: 1. Du sollst rezitieren, dass du für Gott stirbst“. Auf Seite 2 geht es weiter: *„Wenn du im Flugzeug bist, sollst du zu Gott beten … Gott, hilf mir, dies zu tun, und lass uns über die ungläubigen Nationen siegen … Wenn du deine Tat beginnst, schlage hart wie ein Held zu … Wie Gott sagte, schlag‘ sehr hart in das Genick* (das bedeutet: töten) *in dem Wissen, dass der Himmel auf dich wartet“.*

„Gott“ also soll den Auftrag für die größte Terroraktion der Weltgeschichte gegeben haben. So das Bekennerschreiben der Schlüsselfigur der Attentate, Atta, der in Deutschland studierte und hier ein Stipendium erhielt. Fordert demnach Gott zu brutalstem Terror auf?

Die „Süddeutsche Zeitung“ gab korrekt wider aus dem Arabischen „Allah“. Die meisten anderen deutschen Zeitungen schrieben einfach „Gott“. Was mögen die über 20 Mio. Atheisten in Deutschland, Österreich und der Schweiz denken, wenn sie dieses Bekennerschreiben lesen? Haben sie sich also zu Recht entschieden, mit „Gott“ nichts zu tun haben zu wollen?

Keine austauschbare Bezeichnung

Dass in zahllosen Medien einfach von „Gott“ die Rede ist, dürfte sich verheerend auf das Gottesbild vieler Menschen auswirken. Dabei haben die Medien nur den Eindruck wiedergegeben, den manche Kirchenleiter bis in die letzten Tage erweckten, dass nämlich Christen und Moslems letztlich an den gleichen Gott glaubten. Dabei zeigt schon das Lesen der ersten Suren des Korans, dass zwischen Allah und dem Vater Jesu Christi Welten liegen.

Die Fehlentwicklung wurde vorbereitet durch Pfarrer für Ausländerfragen, Texte, die aus Anlass der an sich begrüßenswerten „Woche der ausländischen Mitbürger“ herausgegeben wurden, durch Tagungen Evangelischer Akademien und – allen voran – durch den „Interkulturellen Rat in Deutschland“, der maßgeblich von evangelischen Theologen bestimmt wird. Er fordert eine „Interkulturelle Republik“, lobt ständig den angeblich friedliebenden Islam und kritisiert all jene, die vor den Gefahren eines Islamismus warnen. Politiker, die vor einer ungehinderten, ungeprüften Einwanderung von Moslems

nach Deutschland warnten, wurden von kirchlichen Gruppen geradezu als „rechtsaußen“ niedergemacht. Das überaus positive Bild vom Islam, das kirchlicherseits verbreitet wurde, hat – zusammen mit der Forderung nach einer liberalen Einwanderungs- und Asylpolitik – mit dazu beigetragen, dass in kein EU-Land so viele extreme Moslems – wie wir jetzt wissen – einwandern konnten wie in Deutschland. Hier wurde der furchtbare Terrorakt in den USA geplant; gleich mehrere Attentäter kommen aus dem Mutterland der Reformation. Unter den Helfershelfern sind solche, die eingebürgert wurden und die man nicht einmal mehr ausweisen könnte.

Es ist für das Ansehen der Kirchen verheerend, dass in einer der meistgesehenen Nachrichtensendungen, den „Tagesthemen“, am Donnerstagabend Ulrich Wickert erklärte, dass die Kirche ungewöhnlich leichtgläubig verfahren sei, als man Anfang des Jahres einen Minister des Taliban-Regimes in einer evangelischen Kirche in Hamburg auftreten ließ. Die „Tagesthemen“ meldeten: „Dabei mussten die Insignien des Christentums denen des Islam weichen.“ Doch es gibt leichte Hoffnung. Die Leiterin der größten deutschen Landeskirche, der hannoverschen, Landesbischöfin Margot Käßmann, scherte jetzt öffentlich aus: Sie erklärte auf Nachfrage von idea in einem Interview, dass für sie das Heil allein in Jesus Christus liegt und Allah ein anderer ist als der Vater Jesu Christi. Das denken vermutlich auch andere Bischöfe. Mögen sie es auch laut sagen! ■

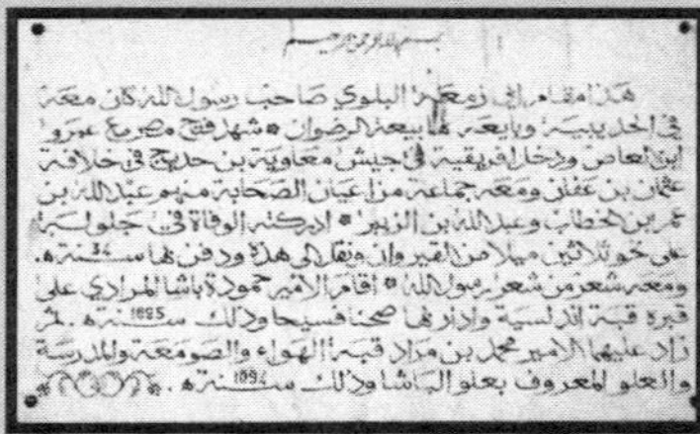

Verschiedene Gottesvorstellungen

Seit dem 11. September ist mehr denn je von »Gott« die Rede. Islamisten ziehen unter Berufung auf »Gott« gegen Juden und Christen in den »Heiligen Krieg«. Juden berufen sich in ihrer Auseinandersetzung mit den Palästinensern auf Gott. Christen betonen, der Allah des Koran sei nicht der Vater Jesu Christi, sondern ein anderer Gott. Wieder andere denken in dieser Zeit neu oder erstmals über Gott nach. Hat man sich einen einzigen Gott vorzustellen, der in den verschiedenen Religionen nur verschiedene Namen hat? Unterscheidet sich die christliche Gottesvorstellung von der islamischen und der jüdischen? Wie glaubt man eigentlich christlich an Gott?

Der Tübinger Neutestamentler Prof. Dr. Hans-Joachim Eckstein wirbt in der verwirrenden Debatte für eine Rückbesinnung auf die frühchristliche Auseinandersetzung mit widersprüchlichen Gottesbildern, in der er ein großes Orientierungspotential erkennt ...

Hans-Joachim Eckstein

Seit dem 11. September reden viele von „Gott“: Moslems, Juden und Christen

Wer ist nun eigentlich Gott?

Auf die grundlegenden Fragen unseres Lebens lassen wir uns selten in ausgeglichenen Phasen ein, sondern ausgerechnet dann, wenn wir durch innere oder äußere Erschütterung ohnehin verunsichert sind. So beschäftigt uns auch die Frage nach Gott gerade in Krisen, und wir kümmern uns um die Grundlagen unseres Glaubens oft erst dann, wenn wir sie gegen eigene Zweifel und äußere Angriffe verteidigen müssen.

Dass ein Gott existiert – irgendwie und irgendwo – und dass wir als Geschöpfe auf ihn als Schöpfer bezogen sind – in ethischer Verantwortung oder in persönlicher Beziehung –, das setzen wir als Glaubende mehr oder weniger voraus. Dass verschiedene Religionen sich auf den »einen Gott« beziehen – den gleichen oder einen je verschiedenen? – und dass sie, nicht anders als wir selbst, damit einen Wahrheitsanspruch verbinden, das lassen wir

in ungestörten Zeiten vielleicht einmal so stehen. Wenn wir aber durch einen persönlichen Schicksalsschlag oder durch eine äußere Krise aus unserer Selbstverständlichkeit aufgerüttelt werden, dann können wir die grundsätzliche Klärung unserer Erkenntnisse und Vorstellungen von Gott nicht einfach weiter aufschieben. Wenn wir wanken, wollen wir wissen, woran wir uns halten können; und wenn wir angegriffen werden, schauen wir nach dem aus, was uns Schutz und Verlässlichkeit bietet.

Missverständnisse von Anfang an

Dieses Verhalten ist freilich nicht erst Ausdruck eines neuzeitlichen Denkens oder einer abendländischen Krise des Glaubens, sondern dem Menschen wohl von jeher eigen. Weder in Israel noch zur Zeit der ersten Christen war die Erkenntnis und Erfahrung Gottes je etwas so Selbstverständliches, dass sie keiner Klärung bedurft hätten. Die Verkündigung der Propheten und Apostel hat sich schon von Anfang an mit Missverständnis und Unentschiedenheit auseinandersetzen müssen und sich gerade in dieser Auseinandersetzung profiliert.

Das ausdrückliche Bekenntnis zu dem einen und einzigen Gott – dem einen Schöpfer, dem Gott Israels, dem Vater Jesu Christi – belegt zugleich die vielfältigen Zweifel und Anfechtungen, auf die es antwortet. Das Bekenntnis zu dem wahren Gott bedeutet somit schon immer eine Vergewisserung gegenüber anderen Möglichkeiten, sich Gott vorzustellen und die Wirklichkeit zu deuten.

Ist der Gott der Väter auch unser Gott?

Für die ersten Christen war diese Aufgabe allerdings besonders schwierig. Hatten sie sich doch nicht nur mit dem breiten Angebot an „heidnischen“ Religionen und Kulten auseinanderzusetzen, sondern zugleich mit den entscheidenden religiösen Wurzeln ihres eigenen Glaubens. Gemeinsam mit Israel glaubten sie an den Gott, der die Väter berufen und Israel erwählt hat, an den Gott, der sich durch die Worte der Propheten seinem Volk vielfach offenbart hat. Sie erkannten in ihm wie Israel den Schöpfer der Welt. Und auch sie erwarteten von seiner zukünftigen Erscheinung den endgültigen Erweis seiner Gerechtigkeit und Treue.

Anders aber als Israel lebten sie von der Erkenntnis, dass Gott sein Wirken zugunsten der Menschen mit dem Leben und Geschick Jesu Christi verbunden hat. Sie bekannten sein Kreuz und seine Auferstehung als Zielpunkt und Erfüllung der Verheißungen Gottes, und sie anerkannten Christus als den Herrn der Geschichte und damit auch ihres eigenen Lebens. Auf diese Weise aber waren sie sowohl mit Israel zutiefst verbunden als auch von ihm auf schmerzliche Weise getrennt!

Dies gilt umso mehr, als fast alle Apostel und Verfasser der Schriften des Neuen Testaments selbst geborene Juden waren, die in Christus als dem Sohn Gottes die Erfüllung der Verheißungen an Israel sahen und in Gesetz und Propheten ihre eigene „Heilige Schrift“.

Hatte Gott sich verändert?

Mit dieser Spannung ergaben sich für die frühen Christen enorme gedankliche wie persönliche Herausforderungen. Hatte Gott sich verändert, so dass er in Christus anders als in „Gesetz und Propheten“ sprach und handelte? Hatte er Israel mit der Berufung der Gemeinde Jesu Christi nun etwa verworfen? Oder hielt Gott trotz der überwiegenden Ablehnung des Gekreuzigten durch Israel an seinem Volk fest? Gab es fortan etwa zwei getrennte Wege zur endgültigen Gottesgemeinschaft? Inwieweit sollten sie sich nach wie vor an den durch Mose übermittelten Weisungen Gottes orientieren? Und inwieweit hatten sich diese durch das Kommen des Gottessohnes und im Hinblick auf die Einbeziehung der Völker in Gottes Erwählung erübrigt?

Hinzu kamen noch all die Anfragen und Zweifel, die sich durch die eigene Lebenserfahrung für die unscheinbare, verfolgte und gering geschätzte Gemeinde des Herrn der Welt ergeben mussten. Warum lassen die Erscheinung des wiederkommenden Herrn und die endgültige Erlösung durch Gott so lange auf sich warten? Und warum leiden und sterben Christen trotz ihres Glaubens, ja teilweise sogar gerade wegen ihres Glaubens an Christus? Man kann die Herausforderungen und Schwierigkeiten, die sich für die ersten Christen ergaben, kaum überbewerten. Und man kann die Entschiedenheit und Eindeutigkeit, die sich – bei aller Differenziertheit –, in den Zentralaussagen des neutestamentlichen Zeugnisses finden, gar nicht hoch genug wertschätzen.

In keinem andern ist das Heil

Das auffälligste Merkmal jeder neutestamentlichen Rede von Gott ist das konsequente Bezogensein auf das Bekenntnis zu Jesus Christus. Wie viele Mächte zwischen Himmel und Erde auch existieren mögen, von wem auch immer bekannt werden mag, dass er göttlichen Geist und ewiges Leben zu geben vermag, Christen erkennen nur einen Gott, den Vater Jesu Christi, als letzte Autorität und verbindlichen Maßstab für ihr Leben an – und keinen anderen (1. Korinther 8,6)!

Falls das Evangelium dem zu widersprechen scheint, was Israel als das Reden Gottes durch Mose und die Propheten erkannt hat, dann gilt als verbindliches Kriterium, was von Jesus Christus her zu sagen ist. Denn so sehr Gott schon zuvor zu Israel und durch Israel zur Welt gesprochen hat, endgültig und letztverbindlich hat er sich selbst in dem Kommen und Leben, in dem Leiden und Auferstehen seines Sohnes Jesus Christus offenbart (Hebräer 1,1ff).

Wer sich an ihn hält, hat es mit Gott selbst zu tun; und wer sich um seinetwillen von seinen früheren Gottesbildern, Wertvorstellungen und Lebenszielen abwendet, findet bei ihm das wahre Leben.

Das jüdische Gesetz wurde in Jesus erfüllt!

Gott ist der Vater von Jesus Christus!

Beachtenswert ist dabei nicht etwa nur die konsequente gedankliche Durchführung dieses Bekenntnisses zu Christus als dem Maßstab für jede Rede von Gott. Beeindruckender noch ist die Bereitschaft, sie gegenüber allen Leiderfahrungen und Anfechtungen in der innergemeindlichen und äußeren Auseinandersetzung persönlich und existenzbestimmend durchzuhalten. Denn schon die ersten Christen erfahren ihre Wirklichkeit ja nicht ausschließlich als Heil, so dass sie gar nicht anders können, als an den Gott der Liebe und des Lebens zu glauben. Dass Gott existiert und ihnen in Liebe zugewandt ist, können sie in Eindeutigkeit nur aus dem Evangelium von Jesus Christus ableiten – häufig gerade gegen alle Anfechtung der eigenen Situation. Sie halten sich an den Vater Jesu Christi – nicht selten gegen alle anderen Bilder von Gott und gegen ihre unmittelbare Erfahrung von Wirklichkeit. Sie wollen Gott nicht anders denken als von Christus her! Sie kennen keinen Gott außer in Christus!

Beeindruckend ist auch, dass sie mit ihrem Bekenntnis zu Christus eine Fülle von offenen Fragen auszuhalten bereit sind. Denn wie sich Gottes Reden zu Israel und sein Reden im Evangelium von Jesus Christus zueinander verhalten, ist doch in vielen Einzelfragen und manches Mal sogar zwischen Aposteln durchaus umstritten (Galater 2; Apostelgeschichte 11 und 15).

Und dennoch ist die eine Mitte, an die sie sich in allem Ringen immer wieder neu

erinnern, die Person des für sie Gekreuzigten und Auferstandenen. An ihm und seinem Reden wollen sie sich orientieren; und seiner Wahrheit wollen sie sich aussetzen.

Vorbildliche Christuszentriertheit

Vorbildlich ist an dieser Christuszentriertheit gerade, dass sich ihr auch Apostel und Gemeinde unterstellen. Es gibt kein Amt, keine Lehre und keine Person, die sich nicht immer wieder neu an dieser Wahrheit des Evangeliums von Jesus Christus messen lassen müsste. Die Kirche besitzt nicht die Wahrheit – im besten Falle beherrscht die Wahrheit die Kirche! Nicht die Kirche steht als Erlösergestalt Israel oder der Welt gegenüber, sondern Jesus Christus allein wird im Gegenüber zur gesamten Schöpfung – und deshalb auch zur Kirche – als der eine Weg zu Gott und damit als die Wahrheit und das Leben bekannt (Johannes 14,6; Apostelgeschichte 4,12).

Diese konsequente Orientierung an Christus ermöglicht den ersten Christen zugleich eine Offenheit in der Auseinandersetzung mit anderen Weltanschauungen. Wie sehr sie sich im Dialog befinden und selbst aus den Gesprächen mit anderen Traditionen profitieren, lässt sich im religionsgeschichtlichen Vergleich eindrücklich nachvollziehen. Das, was mit dem Evangelium im Einklang steht und des in Christus erwiesenen Gotteswillen entspricht, kann aufgenommen und gefördert werden. Das aber, was der in Christus erwiesenen Liebe Gottes widerspricht und seinem Willen zuwiderläuft, kann nur abgewiesen werden – selbst wenn es religiös und kulturell vertraut erscheint!

Sowenig der Gott eines fremden Kultes mit dem Vater Jesu Christi identifiziert werden kann, so sehr kann der „*Altar des unbekannten Gottes*“ doch zum Anlass eines Dialogs mit Andersglaubenden werden (Apostelgeschichte 16, 22ff.). So sehr die Ablehnung des Christusbekenntnisses durch Israel für die christliche Gemeinde eine besonders schmerzhafte Enttäuschung bedeutet, so wenig kommt auch nur ein Verfasser der neutestamentlichen Schriften auf den Gedanken, es könne sich bei dem Vater Jesu Christi etwa nicht um den biblischen Schöpfer und Gott der Väter Israels handeln. Gerade Paulus – der Apostel der Heidenvölker – weiß seiner Gemeinde mit Gewissheit mitzuteilen, dass Gott am Ende auf geheimnisvolle Weise in derselben Treue und Gnade, von der die Kirche lebt, auch Israel an der durch seinen Sohn begründeten Auferstehung teilhaben lassen wird (Römer 11,11. 15.25ff.).

Alles an einer Person orientiert

Bei alledem wird freilich zugleich deutlich, dass die Verfasser der neutestamentlichen Schriften so von Jesus Christus reden, wie man es in Hinsicht auf einen Menschen wohl kaum nachvollziehen kann. Eine solche Bedeutung und Verbindlichkeit wird man keinem Lehrer, Propheten, Apostel oder Religionsstifter zubilligen wollen. Und in der Tat ist die Bedeutung Jesu Christi auch – und gerade – für Israel und seine Traditionen nur schwer verständlich. Das, was Judenchristen von ihrem Christus mit Hilfe alttestamentlicher Traditionen aussagen und bekennen, übersteigt zugleich alle jüdischen Erwartungen an einen königlichen Messias oder Propheten.

Wenn sie von Jesus Christus als dem Sohn Gottes sprechen, meinen sie ungleich mehr, als es Israel in Hinblick auf erwählte Menschen tun würde.

Und in der Tat steht und fällt diese ganze auf Christus bezogene Rede von Gott mit der Voraussetzung, dass in Jesus von Nazareth nicht nur ein Mensch gekommen ist – wie manche andere besonders prägende Persönlichkeiten der Geschichte –, sondern auf eine geheimnisvolle und vielleicht auch rätselhafte Weise Gott selbst sich gezeigt und offenbart hat. Denn alles an einer Person zu orientieren und von ihr abhängig zu machen ist ausschließlich dann gedanklich – und existentiell! – nachvollziehbar, wenn es sich dabei um das Leben und die Wahrheit selbst handelt – und damit um Gott, wie er eigentlich ist! ■

Unterschiede erfordern eine Entscheidung

Das wäre natürlich die einfachste Lösung, wenn die Religionen deckungsgleich wären. Wenn die eine wie die andere wäre. Dann brauchte man sich um nichts mehr streiten. Dann wären wir der ersehnten Welt-Harmonie ein gutes Stück näher gekommen. Doch man kann die Unterschiede nicht ausblenden. Der Grundsatz bleibt bestehen, dass man zwei Wege, die in unterschiedliche Richtungen führen, nicht gleichzeitig gehen kann. Man muss sich entscheiden. Und jede echte Entscheidung hat Konsequenzen.

Es wäre zu wünschen, dass sich jeder darüber klar wird, dass er sich entscheiden muss, welcher Religion, welchem Glauben er folgen will. Die Hinwendung zum Materialismus, die Konzentration auf den Wohlstand, der unsere westliche Welt prägt, sollte einmal hinterfragt werden, genauso wie jedes andere Lebenskonzept, sei es nun religiöser, ideologischer oder säkularer Art.

Wenn jetzt plötzlich eine Weltreligion wie der Islam mit ihren Ansprüchen in unsere säkularisierte Spaß-Gesellschaft einbricht, dann sollte das ein Anstoß sein, über unsere „christlichen Wurzeln“ nachzudenken und darüber, ob die „Überwindung des Christentums“ in unserer Gesellschaft und bei vielen einzelnen Menschen, ob der Schritt weg vom Glauben, weg von Gott wirklich richtig war ...

WOLFGANG POLZER

VOM IRRGLAUBEN DES VERWELTLICHTEN WESTENS

Der 11. September setzt weltweit vielen Illusionen ein Ende

Die brutalen Anschläge auf das New Yorker Welthandelszentrum und das Washingtoner Verteidigungsministerium bedeuten das Ende vieler Illusionen.

Einer der schwersten Irrtümer in der westlichen Welt war, dass die Religion für das Zusammenleben der Menschen und in der Politik so gut wie keine Rolle mehr spiele. Wir hätten es aber besser wissen müssen. Seit Jahrzehnten sehen wir, welche Menschenopfer der Islam in seiner extremsten Form fordert. Oder haben wir vergessen, dass der seit 1983 anhaltende Islamisierungsfeldzug der sudanesischen Zentralregierung gegen christliche und naturreligiöse Minderheiten weit über zwei Millionen Menschen das Leben gekostet hat? Anscheinend haben wir auch verdrängt, dass in Indonesien tausende Christen von militanten Moslems abgeschlachtet wurden. Wir haben am Schicksal der Göttinger Familie

Wallert gesehen, mit welcher Brutalität die Kämpfer der „Abu Sayyaf" (Schwert des Herrn) im Süden der Philippinen Geiseln nehmen, ja sogar köpfen – im Namen Allahs. Ähnliches gilt auch für angeblich friedliche Religionen, wie die Angriffe von Hindus auf Christen in Indien und von Buddhisten in Sri Lanka zeigen.

Wir wollten es bisher nicht wahrhaben, dass ein, wenn auch pervertierter Glaube hinter diesen Grausamkeiten steht. Nicht nur Politiker, auch Kirchenleute machten alle möglichen Ursachen für diese Konflikte aus – wirtschaftliche, ethnische und sonstige – nur von einer religiösen Motivation wollte kaum jemand sprechen. Warum? Weil die Realität dem Wunschdenken widerspricht, dass alle Religionen gleich friedlich sind?

Noch im vorigen Jahr wurde auf einer Weltkonferenz in New York (!) das religiöse Weltethos als universaler Friedensbringer beschworen. Jetzt haben die Attentäter diesen Traum mit nie erwarteter Grausamkeit zum Platzen gebracht.

Wir glauben nur noch an das Geld

Aber nicht nur Wunschdenken steckt hinter dem westlichen Realitätsverlust. Seit dem Zweiten Weltkrieg haben sich im ehemals christlichen Abendland Wohlstand und Materialismus ausgebreitet. Das führte zu einem verhängnisvollen Irrtum: Wir, denen der Glaube kaum noch etwas bedeutet, meinen, dass dies bei allen anderen Men-

schen auch so sei. Wir haben den Glauben durch Wohlstand ersetzt und wollen alle Konflikte mit Geld lösen. Welch ein Irrglaube!

Die Selbstsäkularisierung – so der berlin-brandenburgische Bischof Wolfgang Huber – hat vor den Kirchen nicht haltgemacht. Die tödlichen Folgen treten jetzt zutage. Denn die islamischen Extremisten, die höchstwahrscheinlich für die Terroranschläge verantwortlich sind, richten sich nicht nur gegen Juden und Amerikaner, sondern gegen die gesamte „westliche Dekadenz", die, wie sie fürchten, die islamische Welt im Zuge der Globalisierung überschwemmen könnte. Wir geben ihnen leider zu oft Anlass für solches Denken. Eine Kultur, der nichts mehr heilig ist, eine Spaßgesellschaft, in der die Menschen ihren Lebenssinn in immer extremeren Kicks suchen, etwa in ungezügeltem Sex und Saufen am „Ballermann 6", die muß gottesfürchtigen Menschen abartig, ja bedrohlich erschei-

nen. Damit ist es allerdings wahrscheinlich jetzt zu Ende. Die Terroristen machen uns den Ernst des Lebens und Leidens brutal deutlich. Sie öffnen uns die Augen für Wirklichkeiten, die wir verleugnet haben – etwa, dass wir es in dieser gefallenen Welt mit dem Bösen zu tun haben. Die weltlichen Medien, nicht die Christen, sprachen zuerst von Apokalypse.

Auf Jesus, den Friedefürsten, hinweisen

Was sollen Christen tun? Wie begegnen wir moslemischen Mitbürgern? Es wäre fatal und ungerecht, sie für die Untaten der Extremisten verantwortlich zu machen. Richtig: Wir müssen mit ihnen im Gespräch bleiben. Sollen wir nun, wie uns Kirchenleute empfehlen, nur die friedfertigen Elemente des Islam hervorheben? Aber Christen wie Moslems können doch nicht die Augen vor dem Gewaltpotential verschließen, das die Religion des Heiligen Kriegs in sich birgt. Bei aller Gewalt, die auch das Christentum hervorgebracht hat – siehe die Kreuzzüge – haben wir die Pflicht, nachdenkliche Moslems auf Jesus Christus, den Friedefürsten, hinzuweisen.

Gemeindebau mit „Spaßfaktor"

Überhaupt ist die Verkündigung des Evangeliums noch dringlicher geworden. Sie wird ebenfalls nicht unberührt bleiben von den Ereignissen des 11. September. Denn dieses Datum läutet das Ende der Spaßgesellschaft ein. Die Menschen fragen in ihren Ängsten, wenn auch zweifelnd, nach Gott. Wo ist Hoffnung, wenn uns das Leben entgleitet? Wahrscheinlich werden jetzt jene Ge-

meindeaufbau-, Evangelisations- und Gottesdienst-Konzepte ad acta gelegt werden müssen, die vornehmlich auf Show und Fun setzen. Durch Gottesdienstbesuch den Spaßfaktor zu steigern, das wird kaum noch gefragt sein. Die Menschen haben ernstere Sorgen. Also werden auch wir Christen umdenken müssen. Eine Zeit, in der wir das Böse und das Gericht Gottes so handgreiflich erleben, ist immer auch eine Chance zur Umkehr – vielleicht unsere letzte. ■

Man wird nicht müde zu betonen, dass es jetzt keine Hetze gegen die Muslime geben darf. Die weitaus größte Anzahl der bei uns lebenden Muslime sei friedlich und fernab von jeglicher Absicht zum Terror. Nur eine Minderheit denke so extrem wie die Islamisten ... So wichtig diese Warnungen sind, gerade auch wenn man den zurückliegenden Holocaust und die Judenhetze der Nazis bei uns in Deutschland bedenkt, so darf man sich aber auch nicht über das geistige Brandmaterial hinwegtäuschen, das viele islamische Lehrer weltweit auf der Grundlage von Koran und Ahadith in die Köpfe von Menschen hineinbringen. Woher stammt die Dschihad-Theologie, die Vorstellung vom „Heiligen Krieg“ eines Bin Laden in ihrer extremsten „Spielart“? Erliegt der Westen einer Illusion, wenn er glaubt, mit dem Islam könne man sich „arrangieren“? Eine ehrliche Untersuchung der Quellen dieser Ansichten gehört unbedingt zur Auseinandersetzung mit dem, was unser Bewusstsein so schlagartig verändert hat ...

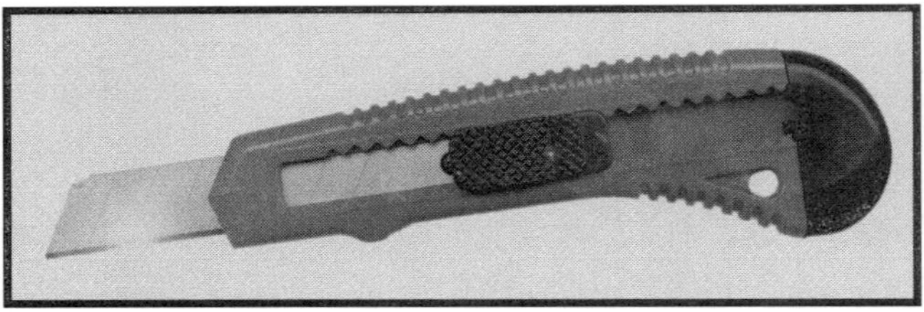

Islamische Extremisten und Attentäter sehen ihre Untaten als Teil eines „Heiligen Krieges“ an. Dies gilt nach bisherigen Erkenntnissen für die Terroristen der Anschläge von New York und Washington, auf jeden Fall aber bereits für unzählige Gewalttaten der letzten Jahre. Dazu gehören beispielsweise die Geiselnahmen und Morde der Gruppe „Abu Sayyaf“(Schwert des Herrn) sowie die Massaker an Christen und anderen in Indonesien, dem Sudan oder Nigeria.

Demgegenüber betonen Vertreter der evangelischen Kirchen, die religiöse Berufung auf den Islam beruhe auf einem Irrtum. „Gewalttäter, die ihre Taten religiös oder ideologisch begründen, irren“, schrieb der EKD-Ratsvorsitzende Manfred Kock in einer Kanzelabkündigung. Der berlin-brandenburgische Bischof Wolfgang Huber erklärte: „Es gibt keinen Glauben an Gott, auf den man sich berufen kann zur Rechtfertigung solcher Verbrechen.“ Trifft dies tatsächlich auf den Islam und seine Grundlagen, den Koran und den Ahadith (Mohammed zugeschriebene Aussprüche, neben dem Koran Quelle religiöser Vorschriften) zu?

Im Folgenden lesen Sie eine Stellungnahme des Islam-Experten Ulrich Neuenhausen, Dozent an einer der größten deutschen Bibelschulen, dem Missionshaus Bibelschule Wiedenest (Bergneustadt):

Ulrich Neuenhausen

Liegt die Wurzel des Terrors im Islam?

„Tötet sie, bekämpft sie, zerstört sie..."

Das sind die Worte Osama bin Ladens, des mutmaßlichen Initiators der jüngsten Anschläge, über Amerika. Auslöser für diese Aggression ist für den in Saudi-Arabien aufgewachsenen Extremisten die Allianz seines Vaterlandes mit den USA beim Golfkrieg gegen den irakischen Diktator Saddam Hussein. Dass aus dem heiligsten Land des Islam (Mekka und Medina befinden sich in Saudi-Arabien) „Ungläubige" gegen Moslems Krieg führen dürfen, sei nicht nur eine ungeheure Provokation für die islamische Welt, sondern auch eine gewaltige Demütigung. Seinen Terror begründet bin Laden mit Notwehr: Gegen einen Verbrecher darf man sich auch mit Terror wehren. *„Sie rauben unseren Reichtum und unser Öl. Unser Gebiet wird angegriffen. Sie töten und ermorden unsere Brüder. Sie verletzen unsere Ehre und unsere Würde. Und wenn wir es wagen, auch nur ein einziges Wort des Protestes gegen die Ungerechtigkeit zu sagen, dann werden wir Terroristen genannt."* (Bin Laden, 1998).

„Ich bin ein Diener Allahs“

Der Westen ist Bin Laden zufolge vom Zionismus missbraucht worden, um die islamische Welt zu unterdrücken. Sie sei ein Opfer des internationalen Terrors der Amerikaner, und zwar im Auftrag Israels. Osama Bin Laden betrachtet seinen Kampf als eine religiöse Aktion, als Heiligen Krieg:

> *„Ich bin einer der Diener Allahs, und ich gehorche seinen Befehlen. Einer davon ist der Befehl, für das Wort Allahs zu kämpfen ... und zu kämpfen, bis die Amerikaner aus jedem islamischen Land rausgeworfen sind. ... Wir sind sicher, dass wir – durch die Gnade Allahs – über die Juden und über die, die mit ihnen kämpfen, siegen werden.*
>
> *Der Bote Allahs (Mohammed, d. Red.) versprach uns, nach einer authentischen prophetischen Tradition, dass die Stunde der Auferstehung nicht kommen wird, bevor Muslime die Juden niedergekämpft haben und die Juden sich hinter Bäumen und Felsen verstecken.“*

Der „Heilige Krieg“ *(Dschihad)* ist ein wichtiges Thema in der islamischen Theologie. Islamische Theologie teilt die Welt in islamisch regierte Länder (*Dar-ul-Islam*, „Haus des Islam“) und Länder ein, in denen der Islam nicht regiert: Dar-ul-Harb, das „Haus des Krieges“. Letztere müssen über kurz oder lang auch zu islamischen Ländern werden, denn der Anspruch des Korans betrifft alle Völker.

Keine Geduld, sondern Kampf

Nach der Flucht Mohammeds nach Medina im 7. Jahrhundert nahm die Idee vom Krieg, der für Allah ausgeführt wird, seinen Anfang. Mohammed lebte unter anderem davon, dass er mekkanische Karawanen überfiel. Das führte zu mehreren Kriegen gegen Mekka, von denen er die meisten gewann. Seine Anhänger, die mit ihm aus Mekka flüchteten, waren anfangs aber nicht überzeugt, dass sie ihrem Führer in den Krieg folgen sollten. Mohammed war gezwungen, sie zu motivieren: Plötzlich lautete die Parole: Allah will keine Geduld mehr, sondern Kampf. Und schließlich heißt es im Koran: Wer am Heiligen Krieg teilnimmt, wird im Jenseits großzügig belohnt. Sure 9,20-22:

> *„Diejenigen, die glauben und ausgewandert sind und mit ihrem Vermögen und in eigener Person um Gottes willen Krieg geführt haben, stehen bei Gott in höherem Ansehen (sind bei Gott gewaltiger an Rang) als die anderen. Ihnen wird (großes) Glück zuteil. Ihr Herr verkündet ihnen (aus dem Schatz seiner Gnade) von sich Barmherzigkeit und Wohlgefallen, und (dass ihnen) Gärten (zuteil werden) in denen sie beständig Wonne empfinden, und in denen sie ewig weilen werden. Bei Gott gibt es (dereinst) gewaltigen Lohn.“*

Wenn der Imam den Kampf befiehlt …

Die Anhänger Mohammeds glaubten seiner Theologie vom Heiligen Krieg, dessen Belohnung Beute im Diesseits und Paradies im Jenseits ist. Mit großer Dynamik und unfassbarer Geschwindigkeit eroberten sie nach Mohammeds Tod weite Teile des Nahen Ostens und drangen später bis nach Spanien und Konstantinopel (Istanbul) vor. Zweimal waren sie kurz davor, ganz Europa zu erobern, wurden jedoch zurückgeschlagen. Die Motivation, für den Glauben zu sterben, damit man sofort ins Paradies eingehe, verlieh den Kämpfern eine außerordentliche Kraft. Die Überlieferungen aus jener Zeit sprechen davon. Aus den Ahadith:

> *„Gott unterstützt den, der für den Pfad Gottes kämpft. Wenn er überlebt, kehrt er mit Ehren und Beute beladen nach Hause zurück. Wird er aber getötet, wird er ins Paradies gelangen.“*

> *„Ich schwöre bei Gott, dass ich auf dem Pfad Gottes getötet werden möchte, dann wieder zum Leben erweckt und wieder getötet und wieder zum Leben erweckt und nochmals getötet, so dass ich jedesmal neue Verdienste erlangen könnte.“*

> *„Für den Pfad Gottes zu kämpfen oder dazu entschlossen sein, ist eine göttliche Pflicht. Wenn dein Imam* dir*

befiehlt, in den Kampf zu ziehen, dann gehorche ihm."

* *Geistliches Oberhaupt in der Nachfolge der Propheten.*

Wer im Dschihad stirbt, wird zum Märtyrer

Im Gegensatz zum christlichen Märtyrer-Begriff, der den Verlust des Lebens aufgrund eines Bekenntnisses zu Jesus Christus beschreibt, ist der islamische Märtyrer meist jemand, der im Kampf ums Leben kommt. Dieser Kampf ist nicht nur durch die Hoffnung auf das Paradies motiviert, sondern auch durch die Kränkung, die im konkreten Fall Amerika den Moslems zugefügt haben soll. Das Maß der verletzten Ehre, wenn ein „Feind" sich über ein Jahrzehnt im „heiligen Land" aufhält, ist im westlichen Empfinden nicht leicht nachvollziehbar. Es lässt sich vielleicht erahnen anhand der Gefühle von Ohnmacht und Zorn, die angesichts des zerstörten Welthandelszentrum aufkamen.

Die Menschen jedoch, die dann schließlich wirklich zu solchen Attentaten fähig sind, leben in psychologisch besonderen Situationen: Sie sind meist abgeschottet von irgendeiner anderen Meinung und jahrelang indoktriniert worden mit einem extrem vereinfachten Freund-Feind-Schema. Anders lässt es sich kaum erklären, dass diese Form des Terrors ausgeübt wird, obwohl sie eigentlich sogar gegen islamische Regeln verstößt: Der Tod von Zivilisten wird nach einigen Ahadith verboten. Die feigen terroristischen Anschläge in Israel und den USA haben wenig mit dem Heiligen Krieg der Frühzeit des Islam zu tun, der im wesentlichen in offenen Schlachten gekämpft wurde.

Eroberung ist Mission

Bei der Eroberung nicht-islamischer Länder handelt es sich um eine Form islamischer Mission. Aus den Ahadith:

> *„Wenn die Ungläubigen, nachdem sie den Ruf zum Glauben erhalten haben, diesen nicht befolgen und sich auch weigern, die Kopfsteuer zu zahlen, ist es die Pflicht der Moslems, Gott um Hilfe anzurufen und die Ungläubigen mit Krieg zu überziehen, denn Gott hilft denen, die ihm dienen, und er vernichtet seine Feinde, die Ungläubigen. Die Moslems müssen nun die Ungläubigen mit allen verfügbaren Kriegsmaschinen angreifen, ihre Häuser in Brand setzen, sie mit Wasser überschwemmen, ihre Felder verwüsten und das Getreide vernichten, denn das schwächt die Feinde, und ihre Macht wird gebrochen. Alle diese Maßnahmen sind deshalb vom Gesetz geheiligt."*

Terrorakte lassen sich theologisch begründen

Trotz des Verbotes, Zivilisten zu töten, lassen sich die Terrorakte theologisch durch Koran und Ahadith zum Heiligen Krieg begründen. Der Tod von Zivilisten ist eben ein Ergebnis von kollektiver Schuld oder ein nicht vermeidbares Übel. Aus den Ahadith:

> *„Wenn ein Moslem Ungläubige angreift, ohne sie vorher zum Glauben zu rufen, dann ist er ein Aggressor, denn dies ist verboten. Wenn er es trotzdem tut und*

sie tötet und ihren Besitz raubt, so ist er allerdings weder zu Sühnegeld noch zu Schadensersatz verpflichtet, denn das, was sie schützen würde (nämlich der Islam), existiert bei ihnen nicht, und die reine Übertretung eines Verbotes rechtfertigt weder ein Sühnegeld noch Schadensersatz. In gleicher Weise ist die Tötung von Frauen oder Kindern von Ungläubigen verboten, hat aber nicht die Verhängung eines Sühnegeldes zur Folge.“

Für Extremisten gibt es nur den Dschihad

Es gab Zeiten in der islamischen Dogmatik, in denen man daran dachte, den Heiligen Krieg zur sechsten Säule des Islam zu machen, neben Glaubensbekenntnis, Fasten, Gebet, Almosen und Pilgerfahrt. Für extremistische Moslems gibt es langfristig keinen anderen Weg als den Heiligen Krieg, alles andere ist ein Verrat an der islamischen Religion, wie Artikel 13 der Charta der islamischen Widerstandsbewegung zeigt:

„Politische Initiativen und so genannte friedliche Lösungen und internationale Konferenzen zur Lösung der Palästinafrage stehen zur Glaubensüberzeugung der Islamischen Widerstandsbewegung im Widerspruch. ... Keine Lösung der Palästinafrage außer durch den Dschihad.“

Ein Friede mit Moslems dieser Prägung ist kaum vorstellbar, es sei denn, man beugt sich einer islamischen Herrschaft. Solche Extremisten sind aber in der Minderheit. Doch wie die Ereignisse in den USA und in Israel zeigen, ist nur eine

Minderheit nötig, um den Frieden nachhaltig zu stören. Trotzdem sollten Christen nicht wie gelähmt auf das Schreckgespenst Heiliger Krieg schauen, sondern Beziehungen zu einigen der vielen Millionen Moslems aufbauen, die zu keiner Gewalttat bereit sind. Wenn der Terror uns ängstlich macht und die Liebe zu den islamischen Mitbewohnern in diesem Land raubt, dann hat er erst recht sein teuflisches Ziel erreicht. ■

Keine Rücksicht auf das eigene Leben –
potentielle palästinensische Selbstmordattentäter in Vermummung.
Die Stirnbandinschrift: „Der Tod im Namen Allahs ist mein Wunsch".

Im Griff der Angst vor Attentaten

Da kann man es mit der Angst zu tun bekommen. Und diese äußert sich nun massiv in dem gesteigerten Sicherheitsbedürfnis in der westlichen Welt. Gebäude müssen geschützt werden, die Diskussion um die Sicherheit der Atomkraftwerke flammt auf dem Hintergrund der neuen Dimension des Terrors neu auf, der Postversand von Milzbranderregern löst kostenintensive Schutzmaßnahmen aus. Und die andere Seite: Sogenannte „Trittbrettfahrer" machen sich die Angst zunutze und stiften durch falschen Alarm zusätzlich Verwirrung und Panik, ganz zu schweigen von den immensen Kosten, die dadurch verursacht werden.

Angst und Panik muss man in den Griff bekommen, sonst lähmt sie und macht ein normales Leben unmöglich. Die große Sorge des Westens ist, dass es als Folge der Angst zu einer wirtschaftlichen Rezession kommt. Kapitalismus setzt Optimismus voraus, Angst vor Terror und damit einhergehender Pessimismus können uns eine Weltwirtschaftskrise bescheren, warnen Wirtschaftsexperten.* Die Folgen wären nicht auszudenken.

Aber mehr noch als um die globalen Ängste geht es um den Einzelnen, der ganz persönlich für sich selbst mit seiner Angst fertig werden muss. Wie geht man um mit Angst? Wie gehen Christen um mit Angst? In welchem Bewusstsein leben sie mit der Angst und überwinden sie Angst? ...

* *Prof. Ulrich Beck, London School of Economics and Science, in einem Interview der WAMS vom 14. Oktober 2001.*

In dem Gemälde „Der Krieg" von Arnold Böcklin (1896) werden die Schrecken der Endzeit durch die vier apokalyptischen Reiter (Tod, Seuchen, Krieg und Teuerung) aus der Offenbarung des Johannes verbildlicht.

Michael Herbst

Wenn Angst das Lebensgefühl diktiert

Sind Milzbrandattacken und Massenmorde Zeichen der „Endzeit"?

Angst macht sich breit in Europa. Panik vor Milzbranderregern, von Terroristen verschickt, hat zur Schließung von Postverteilzentren geführt, Kindergärten wurden vorsichtshalber entseucht, Menschen vorübergehend in Quarantäne gesteckt. Als Folge der Attacken auf die USA am 11. September und der ersten Milzbrand-Fälle greift die Furcht vor biologischen und chemischen Anschlägen um sich. Alleine in Deutschland fürchten 77 Prozent laut einer Forsa-Umfrage Aktionen von Terroristen. Sind die brutalen Morde und die Seuchengefahr Zeichen der Endzeit? Michael Herbst, Professor für Praktische Theologie an der pommerschen Universität Greifswald, mahnt zu einer nüchternen Betrachtungsweise.

Die Welt ist nicht mehr dieselbe seit dem 11. September! Das 21. Jahrhundert steht im Zeichen eines neuen Krieges. Es ist nicht ein „Kampf der Kulturen", wie der Erfolgsautor Samuel Huntington meint. Es ist auch nicht zuerst ein Krieg der Religionen. Es ist ein Krieg des Terrors gegen die zivilisierte Welt und ihre Werte. Es ist ein Krieg, in dem Menschen ausgenutzt werden, die in ihren Ländern durch Armut und Unterdrückung keine Hoffnung auf Wandel sehen und den Parolen derer folgen, die die Religion missbrauchen und die zivilisierte Welt in Brand setzen wollen. Das Verstörende ist die Unsichtbarkeit und Unfassbarkeit dieses Gegners, der weltweit operiert, unerkannt unter uns lebende „Schläfer" aktiviert und jederzeit überall zuschlagen könnte.

„Endzeit" seit 2.000 Jahren

Was sagen uns als Christen diese Ereignisse? Einige sagen: „Das sind die Zeichen der Endzeit!" (Markus 13). Gewiss leben wir (seit der Himmelfahrt Jesu!) in der Endzeit und rücken der Wiederkunft mit jedem Herzschlag etwas näher. Aber Vorsicht: Zu oft meinten Christen, die Geschehnisse der Zeit deuten zu können – und lagen daneben.

Niemand kann das Leben verlängern

Außerdem offenbart sich darin Vergesslichkeit wie Selbstzentriertheit. Vergesslichkeit, weil bei allem Schrecken der Ereignisse auch früher schon Menschen durch grausame Erlebnisse gehen mussten, durch Pearl Harbor und Hiroshima, durch Auschwitz und Birkenau, durch den Archipel Gulag, durch Ruanda und Burundi. Namen, die für unermessliches Leiden und menschliche Bosheit

stehen. Und Selbstzentriertheit, weil Menschen in friedlosen Regionen der Welt – zum Beispiel in Afghanistan – mit Recht darauf hinweisen, dass sie immer in der steten Sorge und Angst vor Gewalt leben müssen und nie wissen können, ob sie am nächsten Tag noch heil an Leib und Leben sein werden.

Was sagen uns Christen diese Ereignisse?

1. Wir lernen aus den Ereignissen, wie verwundbar wir sind und wie trügerisch die Sicherheit des Lebens ist. Das Leben ist ein zerbrechliches Geschenk, für das wir täglich Grund haben zu danken. Falsch ist die Sicherheit, in der wir uns so gerne wiegen. Demütig stimmen wir ein in Jesu Mahnung: „*Keiner kann des Lebens Länge auch nur eine Elle hinzufügen*" (Matthäus 6,27). Und darum legen wir täglich neu unser Leben (und die Sorgen und Ängste) in Gottes Hand. Wir buchstabieren es durch und beten es täglich: „*Unsere Sorgen werfen wir auf dich, denn du sorgst für uns*" (1. Petrus 5,7). Wir schlagen die alten Lieder auf und singen mit:

> „*Auch euch, ihr meine Lieben, soll heute nicht betrüben kein Unfall noch Gefahr. Gott lass euch selig schlafen, stell euch die güldnen Waffen ums Bett und seiner Engel Schar*" (Paul Gerhardt).

Keine Panik bei Pülverchen

2. Wir tun, was vernünftig ist und wozu Fachleute raten. Wenn z.B. seltsame Briefe in unseren Büros, Banken, Instituten und Gemeinden ankommen: die verdächtige Post bede-

cken, Pulverstaub nicht aufwischen, den Raum verlassen und verschließen, Polizei oder Feuerwehr rufen, die Hände gründlich waschen und kontaminierte Kleidung wechseln. Bei allem gilt: Nicht in Panik geraten! Mit allergrößter Wahrscheinlichkeit handelt es sich ohnehin um falschen Alarm, um Mehl oder Backpulver. Außerdem: Milzbrand-Erreger können Infektionen der Haut, des Verdauungstraktes oder der Lunge verursachen. Dazu müssen Erreger jedoch durch Hautverletzungen eindringen, verschluckt oder als feines Aerosol eingeatmet werden. Falls es tatsächlich zu einem Kontakt gekommen sein sollte, kann der Krankheitsausbruch durch eine frühzeitige Therapie mit geeigneten Antibiotika verhindert werden.

Böses – auf allen Seiten

3. Wir nehmen die Realität des Bösen ernst. Es existiert und ist kräftig und vital. Böses dichteten und planten menschliche Herzen. Und Böses findet sich hier wie dort: in der Gewalt derer, die meinen, der Himmel werde sie jubelnd empfangen, wenn sie den Feind terrorisieren und dabei sich selbst opfern. Böses aber auch bei jenen Tankstellenbesitzern in den USA, die ihre Benzinpreise verdoppelten, um von der Katastrophe zu profitieren. Böses bei denen, die wahllos arabisch aussehende Menschen beschimpften und bedrohten! Wir sind alle darauf angewiesen, vom Bösen erlöst zu werden durch Jesus, an dem sich der Böse austoben durfte, bis er sich an ihm auch erschöpft hatte. Erst wenn Jesus wiederkommt, wird der Böse endgültig gehen.

Die Rache ist Gottes Sache

4. Wir fordern nicht Rache und Vergeltung. Menschlich ist die Trauer, menschlich das Mitgefühl, menschlich ist die Sorge. Menschlich ist auch noch der Zorn. Wie zornig konnten die Beter der Psalmen sein! Für unseren Zorn und unsere Sorge lernen wir von den Psalmen das Gebet der Klage. Es gibt dem Unfassbaren Worte. Menschlich ist es auch, gezielt die Täter und ihre Beschützer zur Verantwortung zu ziehen und ihnen die Mittel zu nehmen, Taten wie diese zu wiederholen. Gerechtigkeit ja, aber nicht Rache!

Rache ist nicht menschlich. „*Mein ist die Rache*“, spricht der Herr (5. Mose 32,35). Er wird richten und zurechtbringen. Wer maßlos vergilt, lässt für die ermordeten Unschuldigen wiederum Unschuldige töten. Dabei hat die Strategie, Böses mit Bösem zu vergelten (Römer 12,17), noch nie zum Ziel geführt und Frieden in Gerechtigkeit hervorgebracht. Beten wir um Weisheit für die Verantwortlichen! Dass sie die gerechten Ziele erreichen, aber nicht selbst herabsinken auf das Niveau derer, die sie bekämpfen, und damit all die bestärken, die in der westlichen Welt die Verkörperung des Bösen sehen.

Militäraktionen ergänzen

5. Wir suchen, was dem Frieden dient. Manche sagen: *„Jetzt müssen wir nicht (nur) militärisch antworten, sondern auch die Ursachen des Terrors bekämpfen!“* Wir müssen endlich helfen, Frieden zu schaffen. Wir müssen dem Extremismus den Nachschub abschneiden, indem wir Sorge tragen, dass die Menschen in den Armutsregionen der Erde Hoffnung haben können auf ein menschenwürdiges Dasein. Gewiss haben auch die, die sich so äußern, recht. Gewiss kann die militärische Antwort nur ein Schritt der Selbstverteidigung sein, der die Täter zur Rechenschaft ziehen soll. Es muss der Terror auch mit Mitteln der Entwicklungspolitik und der Friedensdiplomatie bekämpft werden.

Die Bibel: „Lasst euch versöhnen mit Gott!“

6. Der Herr soll uns an der Arbeit finden. Welche Konsequenzen sind aus der bedrohten Lebenszeit und der vergehenden Weltzeit zu ziehen? Jesus empfiehlt uns Wachsamkeit (Markus 13,33), bindet uns an seine Worte (Markus 13,31) und will uns an der Arbeit vorfinden, wenn er wiederkommt (Lukas 12,41-48). Wir nutzen nicht den Schrecken der Menschen aus, aber den erschreckten Menschen rufen wir zu:

„Lasst euch versöhnen mit Gott!“ (2. Korinther 5,18)

Denn Gott hat die Welt in Christus mit sich versöhnt. Und wir intensivieren unseren Einsatz für die, die hungern und frieren, die gedemütigt sind und nach Gerechtigkeit schreien.

Wie alle Zeit ist auch diese Zeit Christuszeit. Einer verstörten und orientierungslosen Welt ist auszurichten, wer der Herr ist, der alles neu machen wird und dem jetzt schon alle Gewalt im Himmel und auf Erden gehört. Es gilt, was der Theologe Karl Barth (1886-1968) in schwerer Zeit ausgerufen hat: *„Es wird regiert!“* ■

Es geschieht nichts Neues unter der Sonne

Was würde Jesus zu dem Terroranschlag auf das WTC sagen? Es ist wohl für viele überraschend, dass die Bibel auch zu solch einem Ereignis eine Stellungnahme bieten kann. Man findet sie im Evangelium des Lukas, Kapitel 13, Verse 1 bis 5:

> *Zu dieser Zeit kamen einige Leute zu Jesus und berichteten ihm von den Galiläern, die Pilatus am Altar umbringen ließ und deren Blut sich auf diese Weise mit dem ihrer Opfertiere vermischte. Da sagte Jesus zu ihnen: „Meint ihr, diese Leute seien größere Sünder gewesen als alle übrigen Galiläer, weil so etwas Schreckliches mit ihnen geschehen ist? Nein, sage ich euch; wenn ihr nicht umkehrt, werdet ihr alle genauso umkommen. Oder denkt an jene achtzehn Menschen, die beim Einsturz des Turms von Schiloach den Tod fanden. Meint ihr, ihre Schuld sei größer gewesen als die aller anderen Einwohner Jerusalems? Nein, sage ich euch; wenn ihr nicht umkehrt, werdet ihr alle ebenso umkommen.“*
> (Neue Genfer Übersetzung)

Denkt an jene 18 Menschen, die beim Einsturz des Turms von Schiloach den Tod fanden. Meint ihr, ihre Schuld sei größer gewesen als die aller anderen Einwohner Jerusalems? Nein, sage ich euch; wenn ihr nicht umkehrt, werdet ihr alle ebenso umkommen.

– Jesus Christus in Lukas 13,4-5 –

THEO LEHMANN

WIR HABEN DIE CHANCE!

„Wenn ihr nicht umkehrt..."

Warum der Turm in Siloah – von dem Jesus berichtet – umfiel, wissen wir nicht. Warum die Türme des Welthandelszentrums einstürzten, wissen wir. Es war der Hass im Herzen des Menschen ohne Gott. Das Furchtbare: In beiden Fällen traf es Unschuldige. Das Unlösbare: In beiden Fällen wird die Frage nach dem Warum gestellt. Damals hieß sie: Waren die Opfer schuldiger als andere? Heute heißt sie: Warum hat Gott das zugelassen? Niemand weiß es. Aber jeder weiß, dass es auf diese Frage keine Antwort gibt.

Für die Frage damals hatte Jesus eine klare Antwort: Die Opfer waren keine größeren Sünder als andere. Damit entfällt die Deutung, das Unglück sei eine besondere Strafaktion Gottes gegen besondere Sünder gewesen. Jesus enthält sich überhaupt jeder Deutung. Aber er benutzt das entsetzliche Unglück zu einer Mahnung: *„Wenn ihr nicht umkehrt, werdet ihr alle auch so umkommen."* „So" meint nicht: „Wenn ihr euch nicht bekehrt,

werdet ihr von einem umfallenden Turm erschlagen werden.“ Sondern „so“ meint: unvorbereitet, ohne die Chance zur Umkehr.

Diese Chance hatten die Verunglückten von Siloah nicht. Der Tod traf sie plötzlich. Jesus sagt nicht „sterben“, sondern „umkommen“. Darin schwingt sein Mitleid mit. Die Opfer tun ihm leid. Aber so furchtbar es ist, durch ein Unglück den Tod erleiden zu müssen – noch furchtbarer ist, unbekehrt zu sterben und den ewigen Tod erleiden zu müssen, ohne im Frieden mit Gott zu sein. Solche Menschen tun Jesus erst recht leid. Um sie zu retten, ist er gekommen. Deshalb, aus Retterliebe, scheut er sich nicht, das Unglück zum Anlass für einen Bekehrungsaufruf zu nehmen. Für das, was in New York und Washington passiert ist, gibt es keine Worte, keine Deutung. Aber die Mahnung Jesu gilt auch hier: „*Wenn ihr nicht umkehrt, werdet ihr alle auch so umkommen.*“ ■

Wir haben die Chance zur Umkehr.

Wir haben die Chance

... die Chance zur Umkehr. Wie würde sie denn aussehen, eine solche Umkehr?

Umkehr beginnt mit Umdenken. Anders denken. Neu denken. Weg von den eingefahrenen Denkstrukturen. Weg von dem Denken, ein schönes Leben zu haben, wäre schon alles, worum es hier geht. Weg von dem Irrtum, der Glaube an Gott in dieser Welt wäre überholt. Gott ist da. Und er wartet auf Menschen, die zu ihm umkehren. Ein erster Schritt wäre, sich einmal über diesen Gott zu informieren, zu dem wir Menschen umkehren sollen. In der Bibel wird dazu vieles gesagt. Paulus, Botschafter der frühen Kirche, hat die wichtigsten Informationen einmal so zusammengefasst (Apostelgeschichte 17,24-31):

> *Meine Botschaft handelt von dem Gott, der die ganze Welt mit allem, was darin ist, geschaffen hat. Er, der Herr über Himmel und Erde, wohnt nicht in Tempeln, die von Menschen erbaut wurden. Er ist auch nicht darauf angewiesen, dass wir Menschen ihm dienen. Nicht er ist von uns abhängig, sondern wir von ihm. Er ist es, der uns allen das Leben und die Luft zum Atmen gibt und uns mit allem versorgt, was wir zum Leben brauchen. Aus einem einzigen Menschen hat er alle Völker hervorgehen lassen. Er hat bestimmt, dass sich die Menschen über die ganze Erde ausbreiten, und hat festgelegt, wie lange jedes Volk bestehen und in welchem Gebiet es leben soll.*

Mit allem, was er tat, wollte er die Menschen dazu bringen, nach ihm zu fragen; er wollte, dass sie - wenn irgend möglich – in Kontakt zu ihm kommen und ihn finden. Er ist ja für keinen von uns in unerreichbarer Ferne. Denn in ihm, dessen Gegenwart alles durchdringt, leben wir, bestehen wir und sind wir. Oder, wie es einige ... ausgedrückt haben: „Er ist es, von dem wir abstammen."

Wenn wir aber von Gott abstammen, dürfen wir nicht meinen, die Gottheit gleiche jenen Statuen aus Gold, Silber oder Stein, die das Produkt menschlicher Erfindungskraft und Kunstfertigkeit sind. In der Vergangenheit hat Gott gnädig über die Verfehlungen hinweggesehen, die die Menschen in ihrer Unwissenheit begangen haben. Doch jetzt fordert er alle Menschen an allen Orten zur Umkehr auf. Er hat nämlich einen Tag festgesetzt, an dem er durch einen von ihm bestimmten Mann über die ganzen Menschheit Gericht halten und über alle ein gerechtes Urteil sprechen wird. Diesen Mann hat er vor aller Welt als den künftigen Richter bestätigt, indem er ihn von den Toten auferweckt hat.

Es ist Zeit, endlich umzukehren! Fangen Sie doch damit an!

Wenn Sie ernsthaft daran interessiert sind, lesen Sie dazu die Informationen auf Seite 89.

Ein starker Trost und fester Anker

Als Christ mitten im Zentrum des Terrors, macht das einen Unterschied? Hängt man als Christ weniger am Leben? Ist der plötzliche, unerwartete Tod weniger schrecklich für einen Christen? Ist man, wenn man an Gott glaubt, in jeder Krisen-Situation gleich ein Held? Sicherlich nicht. Andere mögen bedächtiger, mutiger, effektiver handeln in Gefahr, als es einem Christ vielleicht gelingt. Aber etwas ist doch anders ...

1. Ein Christ kann Leid und Ungerechtigkeit, die man erdulden muss, eher annehmen, weil er weiß, dass Gott auch in solchen Situationen da ist. Durch die Gewissheit, in Gottes Hand geborgen zu sein, kann er selbst angesichts des bevorstehenden Todes ruhig und getröstet sein.

2. Ein Christ kann sich jederzeit im Gebet zu Gott wenden und darf mit Gottes Hilfe und seinem Eingreifen rechnen.

Die folgenden beiden Berichte über zwei Christen, die den Terror miterlebten, machen dies deutlich ...

DER HERR IST MEIN HIRTE, mir wird nichts mangeln. Er lagert mich auf grünen Auen und führt mich zu stillen Wassern. Er erquickt meine Seele. Er leitet mich in Pfaden der Gerechtigkeit um seines Namens willen. AUCH WENN ICH WANDERE IM TAL DES TODESSCHATTENS, fürchte ich kein Unheil, denn du bist bei mir; dein Stecken und dein Stab trösten mich. Du bereitest vor mir einen Tisch angesichts meiner Feinde; du hast mein Haupt mit Öl gesalbt, mein Becher fließt über. Güte und Gnade werden mir folgen alle Tage meines Lebens; und ich kehre zurück ins Haus des HERRN lebenslang.

– Psalm 23 von David –

Helmut Matthies

Ob ich schon wanderte im finsteren Tal

Was macht ein Christ, wenn er von Selbstmordkommandos entführt wird?

Was macht ein Christ, wenn er in einem Flugzeug sitzt, das von einem islamischen Selbstmordkommando entführt und zum Absturz auf ein symbolträchtiges Gebäude bestimmt ist? Besonnenes Einreden auf Terroristen hat offenbar bei derartigen Kommandos bisher nicht geholfen. Darf man also Gewalt anwenden? Jesus Christus sagte doch aber:

> „*Wenn dich jemand auf deine rechte Backe schlägt, dem biete die andere auch dar*“ (Matthäus 5,39)

Ein Christ sollte also auf eine entsprechende Selbstverteidigung verzichten. Doch hat nicht Jesus auch als das höchste Gebot (neben der Liebe zu Gott) die Liebe zum Nächsten gefordert? Wenn nun aber meine Nächsten vom Tode bedroht werden, gebietet dann nicht genau dieses Gebot, den Anderen zu schützen – notfalls mit Gewalt, wenn ihm sonst nicht zu helfen ist?

Den vorzeitigen Absturz herbeigeführt

Das alles sind keine theoretischen Spielereien. Das Ganze wurde Realität am 11. September, wie aufgezeichnete Telefonate bezeugen. So ergab eine Auswertung des Stimmenrekorders des in Pennsylvania abgestürzten Flugzeuges, dass es einen „wilden Kampf“ mit englischen wie arabischen Schreien in den letzten Minuten vor dem Absturz gegeben hatte. Dadurch wurde höchstwahrscheinlich – so US-Experten – durch mutige Passagiere der geplante Sturz des Flugzeuges auf den Präsidentensitz in Camp David oder auf das Weße Haus vereitelt. Denn dank der Auseinandersetzungen an Bord zerschellte das Flugzeug vorzeitig auf einem Feld. Wer hat auf diese Weise verhindert, dass Amerika in nicht noch tiefere Verzweiflung gestürzt wurde?

Ein mutiger Christ

Schon etwa eine halbe Stunde nach dem Anschlag auf das Welthandelszentrum in New York um 8.45 Uhr hören Passagiere des Fluges United Airlines 93 von dem Selbstmordkommando über ihre Mobiltelefone. Sie können nun mit ziemlicher Sicherheit vermuten, dass auch ihre Entführung ein symbolträchtiges Ziel hat: das Capitol, Camp David oder das Weiße Haus. Gleichzeitig erleben sie, wie die Terroristen anfangen, Passagiere zu erdolchen. Was macht ein Christ in dieser Situation? Von einem wissen wir es – dank des in US-Flugzeugen im Sitz des jeweiligen Vordermannes eingelassenen

Telefonhörers für den Notfall: von Todd Beamer, einem 31 Jahre alten leitenden Angestellten aus New Jersey. Um 9.45 Uhr betätigt er den Notruf. Er schildert die aussichtslose Lage und erklärt eindeutig, dass er wisse, dass sie hier nicht mehr lebend herauskämen. Und dann wagt der junge Christ etwas Ungewöhnliches. Er schreit nicht: *„Gott, wo bist du?"* Er ruft nicht: *„Herr, hilf mir doch endlich!"* Er bleibt ganz ruhig und spricht mit der Frau in der Telefonannahme im Angesicht mordender Terroristen und seines eigenen Todes das Vaterunser:

> *„Dein Reich komme. Dein Wille geschehe ... bis in Ewigkeit. Amen."* Dann beten sie noch zusammen: *„Der Herr ist mein Hirte ... Und ob ich schon wanderte im finsteren Tal, fürchte ich kein Unglück; denn du bist bei mir…"* (aus Psalm 23)

Dann bittet er noch darum, seine schwangere Frau und seine beiden Söhne zu grüßen. Nun erhebt sich der Christ und fordert vier andere Passagiere auf, zu versuchen, den Terroristen entgegenzutreten, um Schlimmeres als den Absturz, nämlich den Sturz auf Gebäude mit Menschen zu verhindern. Die fünf mutigen Männer haben Geschichte geschrieben, als ihr Flugzeug um 10.00 Uhr auf einem Acker zerschellte. Die Tageszeitung „Die Welt" überschrieb einen Bericht über diese Tat mit der Schlagzeile:

„Licht inmitten der Finsternis". ■

Nur wenig vom World Trade Center entfernt erlebt eine junge Deutsche das Drama des 11. Septembers hautnah mit.

Marcus Mockler

Es war wie bei Sodom und Gomorrha

Eine junge Christin in Manhattan erlebt das Chaos der Terroranschläge

Der 11. September 2001 verspricht in New York ein herrlicher Spätsommertag zu werden. Die Deutsche Heike Schumann steht in ihrem Apartment im 25. Stock eines Hochhauses in Manhattan (s. Foto links), wenige hundert Meter vom Welthandelszentrum entfernt, unter der Dusche, als sie um 8.45 Uhr ein dumpfes Krachen hört. Erst fünf Tage zuvor ist sie mit ihrem Mann Dirk in diese Wohnung in der Chambers Street am Hudson River gezogen. Das Geräusch irritiert die 27-jährige sehr. Sie eilt ans Fenster, sieht die Flammen aus dem Nordturm des Zentrums lodern. Ihr erster Gedanke: ein Bombenanschlag.

„*Wie kann jemand so verrückt sein?*" schießt es ihr durch den Kopf. Sie erblickt die verzweifelten Menschen, fängt an zu weinen. Sie setzt sich und betet. Seit eineinhalb Jahren ist Heike Schumann Christin. Aufgewachsen bei

Rostock in atheistisch-sozialistischem Umfeld, beschloss sie im Frühjahr 2000 in einer persönlichen Krise, ein Leben im Vertrauen auf Gott zu führen. Nun betet sie um göttlichen Beistand.

In den Fluss springen?

Plötzlich hört sie eine zweite Explosion, rennt wieder ans Fenster, sieht das nahe Inferno. Ihr Mann ruft aus seinem Büro an. Er hat die erschreckenden Nachrichten mitgekriegt und bietet seiner Frau an, zu ihr zurück in die Wohnung zu kommen. Während des Telefonats stürzt unter ohrenbetäubendem Lärm der Südturm des Welthandelszentrums ein. Heike Schumann schreit nahezu hysterisch. Ihr Mann drängt sie, das Haus und das südliche Manhattan zu verlassen. Sie schnappt ihren Rucksack. Sie steckt auf der Straße gerade im Menschengedränge, als der zweite Turm zusammensackt. Eine gigantische Staubwolke quillt in die Häuserschlucht.

Heike Schumann überlegt, in den Hudson River zu springen, bewegt sich dann aber lieber im Menschenstrom nach Norden. Sie läuft und läuft, dreht sich nur zweimal um. *„Es war wie bei Sodom und Gomorrha, wo Gott den Fliehenden verboten hatte, zurückzublicken. Es war in die-*

Lots Frau schaut zurück auf das Inferno des untergehenden Sodom. Stahlstich nach 1. Mose 19 von Julius Schnorr von Carolsfeld (1860)

sem Moment einfach nicht gut, hinzuschauen", erinnert sie sich. An einer Feuerwache macht sie halt, fragt einen Verantwortlichen nach der Lage. Der antwortet, er habe nach dem Einsturz der Türme zu keinem seiner Kollegen mehr Kontakt. Über 300 Einsatzkräfte verlieren bei diesem Rettungsversuch ihr Leben. Gegen 13 Uhr erreicht Heike Schumann endlich ihren Mann, der für die Deutsche Bank in New York arbeitet. Das kinderlose Ehepaar findet erst einmal Unterschlupf bei Freunden, Christen aus Deutschland. Zurück in ihre Wohnung können sie zunächst nicht. Das Hochhaus ist zwar unbeschädigt, doch gibt es weder Strom, noch Wasser.

Zwei Kreuze als Mahnmal?

Was geht ihr als Christin angesichts der vielen Toten, des Feuers, der Chaos-Szenen durch den Kopf? Heike Schumann wird an alttestamentliche Geschichten erinnert, in denen Gott den Israeliten Leid und Kriegsniederlagen schickt, wenn sie von ihm abgefallen sind. *„Will Gott uns zeigen, wie weit wir uns von ihm entfernt haben?"* fragt sie sich selbst. Sie hat New York als freundliche, faszinierende, letztlich aber gottlose Stadt erlebt. Die Anschläge begreift sie deshalb auch als einen Bußruf, das Leben ganz neu auf Jesus Christus auszurichten. Deshalb hält sie nicht viel davon, den Wiederaufbau des Welthandelszentrums ins Auge zu fassen. Zwei Kreuze als Mahnmale – das wäre ihrer Meinung nach eine angemessene Antwort auf den Terror vom 11. September. ■

Katastophenbilder und die Kinderseele…

Unser Medienzeitalter bringt es mit sich, dass die schrecklichen Ereignisse in dieser Welt auch unsere Kinder erreichen. Kinder stecken mitten drin in den Geschehnissen, werden selbst zu Opfern oder sind nach den Schreckensbildern, die sie aufgenommen haben, der Angst ausgeliefert. Sie besitzen nicht die „Schutzmechanismen", mit denen Erwachsene sich von solchen Ereignissen innerlich „abschotten" können. Wie kann man ihnen helfen, damit umzugehen? Wenn andere den Halt verlieren, zeigt sich, ob man selber gehalten ist.

Christian Starke

TV: „Terror Vision" und die kleinen Zuschauer

Wie man Kindern bei der Verarbeitung der Schreckensbilder von New York helfen kann

Meine 14-jährige Tochter Katharina kommt mir weinend entgegen, als ich am Abend des 11. September nach Hause komme. Am Fernseher hat sie verfolgt, wie Menschen an den Fenstern des brennenden Welthandelszentrums in Todesangst mit weißen Tüchern winken. Manche stürzen sich in Panik in die Tiefe. Fassungslos steht unsere vierköpfige Familie vor den Bildern des Grauens. Wir nehmen uns in die Arme und weinen. Unser achtjähriger Sohn Mathias schmiedet Rachepläne. Die Amerikaner sind doch „die Stärksten". Sie sollen umgehend zurückschlagen. Wir sagen, dass die Schuldigen bestraft werden müssen, aber Rache keine Lösung sein kann. Sie schaukelt den Hass immer mehr hoch. Mathias bekommt solche Angst, dass er nicht allein in seinem Bett schlafen will. Er legt sich zu seiner Schwester. Ich bete mit den Kindern für die Angehörigen der Opfer, die Verletzten, die Rettungskräfte, aber auch für

die Umkehr terroristischer Fanatiker. Unzählige Kinder haben den Horror bei ARD und ZDF „in der ersten Reihe“ verfolgt. Die Unterscheidung zwischen Fiktion und Wirklichkeit fällt mitunter schwer. Manche glauben, dass es sich um einen gut gemachten Actionfilm handelt.

Wie Kinder Horrorbilder verarbeiten

JUTTA GEORG, Lehrerin an der Freien Christlichen Grundschule Lüdenscheid und Leiterin des Christlichen Sorgentelefons für Kinder und Jugendliche, hält es für wichtig, dass sie ihre Ängste benennen. Am Tag nach dem Inferno beginnen alle Klassen an der Schule mit einer „Zeit der Stille“. Die Schüler können ein Gebet sprechen und so ihre Ängste vor Gott ausdrücken. Die Kinder befürchten, dass der Terror auch sie treffen könnte. Sie äußern Ängste vor einem Dritten Weltkrieg oder einem Bombenanschlag auf die Fußball-Arena in Schalke. Die Erfahrung der Pädagogin: Bei Kindern mit einem auch sonst hohen Fernsehkonsum sind die Ängste besonders ausgeprägt. Ihr Rat: Eltern sollten eine Nachrichtensendung mit ihren Kindern anschauen, über das Gesehene sprechen und ihnen die Zusammenhänge aufzeigen. Dies helfe, die Ängste zu verarbeiten. Dann sei nicht mit negativen psychischen Folgen zu rechnen.

Manche Kinder drückten ihr Mitgefühl auch symbolisch aus, etwa durch das Anzünden einer Kerze im Gedenken an die Opfer. In der Jungschargruppe der Lehrerin taucht die Frage auf: „*Wo war Gott?*“ Frau Georg erklärt, dass sich manche Menschen bewusst für das Böse entscheiden. Sie ist sich sicher, dass Gott mit den Menschen über das Geschehene trauert.

Kinder sollten wissen: „*Er ist trotz allem da und hält die Welt in seinen Händen.*“ Die Lehrerin plädiert für eine nüchterne Sicht der Zukunft. Christen wüssten: „*Es wird nicht besser in einer Welt, die ihrem Ende entgegengeht. Es werden immer mehr Krisen kommen, aber wir sind von Gott gehalten.*“ ■

Neue Helden

Sie sind die neuen Helden Amerikas – die Feuerwehrleute von New York. Sie sind zuständig für die Katastrophen. Sie durchbrechen die Mauer der Angst. Sie laufen in die entgegengesetzte Richtung, wenn andere flüchten, um dem Inferno, der Katastrophe zu entkommen. Sie sind die ersten, wenn es mitten in die Hölle des Terrors hineingeht, ohne auf sich selbst Rücksicht zu nehmen.

Was ist das Kennzeichen eines Retters? Er kalkuliert nicht die Gefahr für sich selbst, sondern er sieht die Möglichkeit, andere zu retten, anderen zu helfen und handelt dem entsprechend. Die Feuerwehrleute von New York sind die neuen Helden von Amerika ...

Aber wagen wir auch einmal den Blick auf einen anderen „Helden“, der gekommen ist, um uns zu retten!

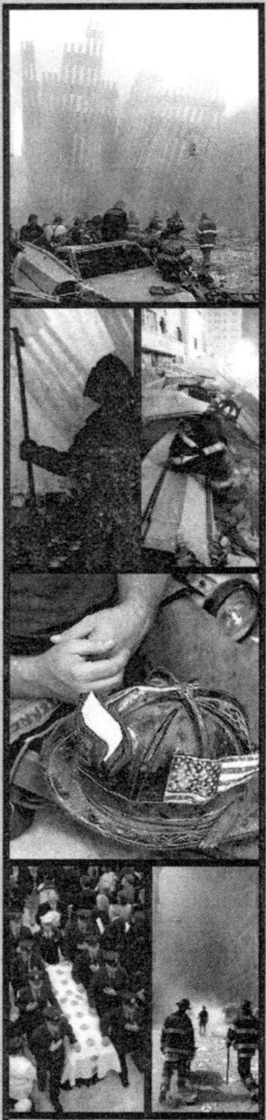

Joachim Pletsch

Sie graben mit Äxten und bloßen Händen

Die Feuerwehrleute von New York sind die neuen Helden Amerikas

Sie riskieren ihr Leben, um andere zu retten. Sie sind gleich zur Stelle, wenn irgendwo Feuer ausbricht, Gebäude zusammenstürzen, Katastrophen losbrechen. So auch am 11. September, als die ersten Notrufe in den Feuerwachen Manhattens eingingen und die Mannschaften zum Einsatz ausrückten. Zu diesem Zeitpunkt war sich noch keiner bewusst, welches Inferno sich innerhalb der nächsten Stunde entwickeln würde. Ein Inferno, bei dem 343 von ihnen zu Tode kommen würden, zusätzlich zu den fast 6.000 Toten, die die Zwillingstürme des World Trade Centers nach der Attacke durch von Terroristen gesteuerten Passagierflugzeugen unter sich begruben. Was bedeutet es, mitten in die Hölle hinein zu stürmen, wenn andere in Panik davor flüchten?

Marcel Claes von Wagen 24, 46 Jahre alt, ist einer von den Feuerwehrmännern, die im zuerst getroffenen Nordturm vordringen wollen, um das durch das Flugzeugkerosin genährte und hoch über ihnen wütende Feuer zu löschen: *

Schwer bepackt mit Sauerstoffflasche, Werkzeugkoffer und Schläuchen hastet Marcel Claes mit seinen Kollegen von Wagen 5 und Wagen 24 in die Lobby des Turms, wo schon das totale Chaos herrscht. Ihre erste Aktion: Mit Äxten Fenster einschlagen, damit die aus dem Turm flüchtende Menschenmenge besser abfließen kann. Dann geht es weiter die Treppenschächte hinauf. Dabei trennen sich die Gruppen, Marcel Claes quält sich mit seiner Gruppe einen Treppenschacht hinauf, der so eng ist, dass sich gerade mal zwei Menschen aneinander vorbeiquetschen können. Bis zum 30. Stock schaffen sie es erst einmal. Dann ist eine Pause nötig, bis sich Puls und Atem wieder beruhigt haben.

„Du musst da rauf ...“

... ist das einzige, was Marcel Claes in diesem Moment denkt. „Du bist derjenige, der Wasser ins Feuer pumpt, sie brauchen dich dringend da oben.“ Die Jungs von Wagen 5 machen sich als erste wieder auf den Weg. Kurze Zeit später schwankt der Turm. Ein Zittern und dumpfes Grollen steigt aus der Tiefe herauf. Das ist der Moment, in dem der Südturm einstürzt. Aber dessen wird sich Marcel Claes nicht bewusst. Der Gedanke, dass die Türme zusammenbrechen könnten, dringt nicht in sein Vorstellungsvermögen. Er packt seine Sachen, schwingt sich hoch und macht sich weiter auf den Weg nach oben.

** Die anschließende Schilderung folgt einem Bericht der WAMS vom 23. 11. 2001, S. 23 u. 24 („Freundschaft ist stärker als der Tod“)*

Im 34. oder 35. Stock kommt ihm plötzlich ein anderer Trupp entgegen. Ihr Chef brüllt: „Sofort raus aus dem Gebäude. Evakuieren. Auf dem schnellsten Weg!“ Alle Arbeiten sollen sofort abgebrochen werden.

Marcel Claes weiß immer noch nicht, was los ist. Sein Funkgerät funktioniert nicht, aber auch er kehrt sofort um und hastet die Treppe hinunter nach unten. Bis auf seine Werkzeugtasche wirft er allen Ballast von sich, um schneller nach draußen zu kommen. Über Treppenschacht B gelangt er wieder in die Lobby, rennt auf die Straße zu seinem Einsatzwagen. Erst dann schaut er nach oben.

Jetzt hilft nur noch „türmen“

Der zweite Turm steht nicht mehr. Wie gebannt starrt Marcel Claes auf das unbeschreibliche Chaos um ihn herum. Er begreift nicht, dass so etwas geschehen kann. Bis auch der zweite Turm beginnt einzustürzen. Stockwerk für Stockwerk, alle paar Sekunden die nächste Etage. Dann erst beginnt er zu laufen. Er begreift: Jetzt gibt es nichts mehr zu retten, als nur noch sich selbst. Er schafft einen oder eineinhalb Blocks. Dann fegt die gewaltige Wolke aus Staub, Steinen, Stahl und Menschenteilen über ihn hinweg und es wird schwarz wie die Nacht. Er sucht Schutz hinter einem Wagen der Feuerwehr und umklammert immer noch seine Werkzeugtasche. Zum Glück stürzt die Hauptmasse des Turms auf die andere Seite. Nach etwa zehn Minuten hat sich der Staub so weit gelegt, dass er seine Umgebung wieder erkennen kann. Wie mechanisch eilt er zurück in das Chaos und hilft, kleinere Brände zu löschen. Verzweifelt wenig kann er tun angesichts des riesigen Ausmaßes dieser Katastrophe.

Von Kolonne 5 noch keine Spur

Später, nachdem er seine Feuerwache aufgesucht hat, weiß er, dass alle von Wagen 24 überlebt haben. Aber von der Besatzung des Wagens 5 gibt es keine Nachricht. Selbst jetzt nicht, sechs Stunden nach der Katastrophe. Die Männer von Wagen 24 und die zweite Schicht von Wagen 5 sind entschlossen, alles für ihre vermissten Kameraden zu tun: „Und wenn wir uns durchwühlen müssen bis zur anderen Seite der Erde, wir werden sie rausholen aus dieser Halde“, ist die Devise. Den letzten Sichtkontakt zu ihnen hatte es im 8. Stock gegeben. Die anderen hatten den Treppenschacht C gewählt. Nur wenige Minuten dauert der Weg bis in die Lobby. Hatten sie es noch geschafft? Die Hoffnung und Zuversicht, dass dies der Fall sei, ist zu diesem Zeitpunkt noch groß. Die Tatsachen sind zwar schreckenerregend – immerhin waren 400 Meter Beton und Stahl zusammengedrückt worden auf mal gerade 20 Meter –, aber trotzdem gibt es immer noch die Hoffnung auf Hohlräume dazwischen. So hatten sie es in ihrer Ausbildung gelernt. – Ein fieberhaftes Arbeiten beginnt. Die Helfer müssen sich zunächst durch die Schuttberge voranarbeiten, um an den Kern der Türme zu gelangen. Pausenlos sind sie im Einsatz. Trotz der Erschöpfung kann niemand von ihnen Schlaf finden. Des-

halb machen sie einfach weiter. Die Hoffnung, die Kameraden lebend zu finden, ist noch groß. Nach einem halben Tag haben sie sich endlich bis ins Zielgebiet vorgearbeitet. Jetzt beginnt das Graben. Mit Äxten, Schippen und mit bloßen Händen. Über eine lange Kette von Plastikeimern wird der Schutt nach draußen zur Straße abtransportiert. Zwei Tage und zwei Nächte geht es weiter so, ohne Pause.

Die verlorenen Freunde wiedergefunden

Die zweite Schicht von Wagen 5 sollte es sein, die ihre Kameraden zuerst erblicken. Friedlich liegen sie nebeneinander, zerdrückt von den Steinmassen irgendwo im Treppenhaus und trotzdem beinahe unversehrt.

Für die Retter ist es ein Schock und „irgendwie nicht zu begreifen. Zusammen gelebt, zusammen gearbeitet, zusammen für immer tot.“ Vorsichtig werden die Körper herausgeholt und über die Halde gebracht, einer nach dem anderen. Feuerwehrmann Mike Simon fasst seinen Schmerz, seine Trauer in Worte: „Wir haben mehr Freunde verloren, als fast jede andere Feuerwache in New York. Aber wir sind auch die einzigen, die fast alle unsere Kameraden wieder haben in unserer Mitte. Irgendwann wird es vielleicht auch ein Trost sein für uns.“

„Zusammen gelebt, zusammen gearbeitet, zusammen für immer tot."

Besiegelt dieses schreckliche Fazit das Ende von mutigen Männern, die sich auf den Weg gemacht hatten, um andere zu retten?

Und alle Welt empfindet mit

Tausende von Kilometern weit entfernt empfinden wir mit, was diese Feuerwehrmänner erlebt haben. Der plötzliche Verlust so vieler Kameraden ist ein tiefer und schmerzlicher Schnitt im Leben vieler Menschen, wenn wir nur an die Familien denken, die zurückbleiben. Und erst die vielen weiteren Toten, die dem Anschlag zum Opfer gefallen sind, von denen man hoffte, doch noch viele retten zu können. Aber es ist anders gekommen. Das Verhältnis von denen, die nach dem Einsturz der Türme noch gerettet werden konnten, und denen, die umgekommen sind, klafft brutal auseinander. Die Anzahl dieser Geretteten übersteigt vielleicht nicht einmal die Zahl derer, die sich für sie geopfert haben. Aber das wiegt niemand gegeneinander auf. Wenn nur ein Mensch gerettet werden kann, dann hat sich ein Rettungs-Einsatz gelohnt.

Bewundert und beweint

Warum hilft das so sehr, angesichts der realen und auch der möglichen Bedrohung unseres Lebens, angesichts des Leids, das so viele getroffen hat, aufzuschauen zu solchen Männern, die ihr Leben riskieren, um andere zu retten? Warum sind die Feuerwehrmänner Helden, auf die ganz Amerika stolz ist?

Wenn jemand sein Leben für andere einsetzt, dann weckt das Hoffnung angesichts von Verzweiflung, Aussichtslosigkeit und Hilflosigkeit. Hoffnung nicht nur für den, der in aussichtsloser Lage ist. Es weckt Hoffnung für eine ganze Nation, weil es ein Signal ist, dass noch nicht alles vorbei, dass noch nicht alles vergeblich geworden ist. Das Leben geht weiter und wenn man selbst einmal von einem Unglück getroffen wird, kann man damit rechnen, dass sich andere für das eigene bedrohte Leben einsetzen werden. Jeder, der einmal in einen Unfall verwickelt oder Leidtragender eines Unglücks war, verletzt wurde und plötzlich auf fremde Hilfe angewiesen ist, kann die Erleichterung, die Dankbarkeit, wenn Hilfe kommt, nachvollziehen. Aussicht auf Rettung weckt Hoffnung.

Diejenigen, die zu Rettern wurden, werden zu Recht als solche geehrt.

Gibt es Rettung angesichts des Todes?

Der Terroranschlag in New York hat uns schlagartig bewusst gemacht, dass unsere Welt nicht so sicher ist, wie wir glaubten. Er hat uns bewusst gemacht, wie schnell der Tod uns alle erreichen kann. Von Rettung spricht man immer dann, wenn es um Leben oder Tod geht. Aber um Leben und Tod geht es für uns alle einmal. Ist der Tod etwas Besseres, wenn er im Alter erfolgt? Der Tod trennt uns vom Leben, an dem wir alle so sehr hängen. Gibt es Rettung angesichts des Todes? Nicht nur ein Hinausschieben, sondern ein Überwinden des Todes? „Für immer tot“, ist dies wirklich das Schicksal, das uns allen blüht? Nein, auch angesichts des unvermeidlichen Todes gibt es Rettung, zwar nicht vor diesem Tod, aber durch diesen Tod hindurch. Die Bibel spricht von Auferstehung. Sie weist hin auf den, der nach seinem Tod auferstanden ist: Jesus Christus. Er hat den Tod erlitten, ihn aber auch überwunden. Und das macht ihn zur einzigartigen Person der Weltgeschichte.

Jesus Christus hat den Tod besiegt

Deswegen bezeichnet ihn die Bibel auch als Retter, denn wer selbst den Tod besiegt hat, der kann auch andere durch den Tod hindurch retten zu einem ewigen Leben. Die Retter in dieser Welt mögen Leben retten, aber dies währt doch nur eine begrenzte Zeit. Es gibt nur einen Retter, der unser Leben über den Tod hinaus retten kann: Jesus Christus. Er lebt, und er kann uns retten. Wie

kann man sich dieser Rettung versichern? Durch den Glauben an ihn, dadurch, dass man seinen Namen „anruft" im Gebet. Jesus Christus repräsentiert Gottes festen Entschluss, jeden der sich demütig an ihn wendet, zu retten. Von ihm sagt die Bibel:

> *„Der HERR, dein Gott, ist in deiner Mitte, ein Held, der rettet"* (Zephanja 3,17).

Auf diesen Helden sollte sich ein Mensch besinnen - rechtzeitig. ■

Hartmut Jaeger

Nachwort

Sehnsucht „Sicherheit"

Mehr als die Hälfte der Deutschen befürchtet, dass es durch die Terroranschläge und die amerikanischen Gegenschläge zu einem neuen Weltkrieg kommen könnte („Die Welt" vom 19.09.01).

Im Angesicht von Krieg und Terror wird der Wunsch nach Frieden und Sicherheit immer lauter. Wo finde ich Frieden? Was gibt mir Halt? Worauf kann ich mich wirklich verlassen? Wo finde ich Sicherheit?

In diesem Zusammenhang ist viel von Gott die Rede. Aber ist das nicht gerade ein billiger Trost? Muss Gott nun herhalten, damit wir uns beruhigen können?

Ich will Ihnen gerne sagen, wie ich persönlich damit umgehe:

Meine Gottesbeziehung gibt mir inneren Halt. Ich lebe im Bewusstsein tiefer Geborgenheit. Ich weiß: Gott ist da. Nun -

damit Sie mich nicht missverstehen –, ich habe auch Ängste. Ich weiß, dass diese Welt und das Leben eines jeden Menschen großen Gefahren ausgesetzt sind. Ich weiß, dass es letzte Sicherheit auf dieser Welt nicht gibt.

Und Jesus macht seinen Leuten auch nichts vor. Er spricht in seiner Abschiedsrede von Angst:

> *„In dieser Welt werdet ihr hart bedrängt. Doch ihr braucht euch nicht zu fürchten: Ich habe die Welt besiegt."* (Johannes 16, 33)

Nöte, Ängste, Sorgen und unlösbare Probleme gehören zu einem Leben in dieser Welt dazu. Jesus ist Realist. Er weiß, wovon er spricht. Aber er bleibt dabei nicht stehen. Denn die nüchterne Bilanz hilft nicht weiter. Neben der Bilanz zeigt er auch die Chance. Diese liegt im Vertrauen auf ihn. Ist das nicht Theorie? Nein!

Ich bezeuge, dass es funktioniert!

Und so hole ich mir täglich meine Lebenskraft bei Jesus Christus, dem Sohn Gottes. Diesen Kontakt möchte ich nie mehr missen. Ich weiß, dass ich allein nicht klar komme.

Jesus Christus gibt meinem Leben Sicherheit. Aber was ist notwendig, um das persönlich zu erleben?

Der russische Literaturnobelpreisträger Alexander Solschenizyn wurde einmal gefragt, woran letztlich der Kommunismus gescheitert sei, und er erwiderte:

> *„Weil er keine Antwort geben konnte und kann auf die Fragen nach Schuld, Leid und Tod."*

Diese drei Fragen gilt es zu beantworten, um sicher in die Zukunft gehen können.

1 Erstens - Die Frage nach der Schuld

Für meine Schuld hat Jesus Christus bezahlt. Dafür gab er sein Leben. Ich weiß, wohin mit meiner Schuld. Meine Sünde darf ich ihm im Gebet bekennen. Das ist so befreiend!

2 Zweitens - Die Frage nach dem Leid

Leid hat Jesus Christus selbst erlebt. Er litt am Kreuz. Er starb. Aber sein Tod ist der Anfang eines neuen Lebens. Seine Auferweckung aus den Toten ist Gottes Antwort auf sein freiwilliges Sterben für sündige Menschen. Seine Auferstehung ist die Garantie eines neuen Lebens für jeden, der an ihn glaubt. Und das ist für mich kein billiger Trost. Das ist lebendige Hoffnung.

3 Und drittens - Die Frage nach dem Tod

So ist der Tod nicht das Ende der Existenz, sondern die Durchgangsstation zum Leben in der ungetrübten Gemeinschaft mit meinem Herrn Jesus Christus. Dabei ist mir voll und

ganz bewusst, dass der Tod der größte Feind des menschlichen Lebens ist. Aber Jesus hat ihm den ewigen Schrecken genommen. Er hat den schlimmsten Feind des Menschen vernichtend geschlagen - durch seinen Tod und seine Auferstehung. Das ist christliche Hoffnung. Dieses Wissen trägt durch.

Da ich eine klare Antwort auf die Fragen nach Schuld, Leid und Tod habe, kann ich von sicherer Zukunft in einer unsicheren Zeit sprechen.

Die Sehnsucht nach Sicherheit wird gestillt durch die vertrauensvolle Beziehung zu Jesus Christus.

Wenn Sie wissen wollen, wie man ein Leben mit Jesus Christus beginnen kann, lesen sie die folgenden

FÜNF SCHRITTE ZU EINEM NEUEN LEBEN

1. Wenden Sie sich vertrauensvoll an Jesus Christus und sagen Sie ihm alles im Gebet. Niemand versteht und liebt Sie so wie er.

> „*Kommet her zu mir, alle ihr Mühseligen und Beladenen, ich werde euch Ruhe geben.*" (Matthäus 11,28)

2. Sagen Sie ihm, dass Sie bisher in der Trennung von Gott gelebt haben und ein Sünder sind. Bekennen Sie ihm Ihre einzelnen Sünden. Nennen Sie konkret, was Ihnen jetzt an Schuld einfällt.

> „*Wenn wir unsere Sünden bekennen, ist er treu und gerecht, dass er uns die Sünden vergibt und uns reinigt von jeder Ungerechtigkeit.*" (1. Johannes 1,9)

3. Bitten Sie Jesus Christus, in Ihr Leben einzukehren. Vertrauen und glauben Sie ihm von ganzem Herzen. Wenn Sie sich Jesus Christus so anvertrauen, macht Gott Sie zu seinem Kind.

> *„So viele ihn aber aufnahmen, denen gab er das Recht, Kinder Gottes zu werden, denen, die an seinen Namen glauben."* (Johannes 1,12)

4. Danken Sie Jesus Christus, dem Sohn Gottes, dass er für Ihre Sünde am Kreuz gestorben ist. Danken Sie ihm, dass er Sie aus dem sündigen Zustand erlöst und Ihre einzelnen Sünden vergeben hat. Danken Sie ihm täglich für die Gotteskindschaft.

> *„In ihm haben wir die Erlösung und die Vergebung der Sünden."* (Kolosser 1,14)

5. Bitten Sie Jesus Christus, die Führung in Ihrem Leben zu übernehmen. Suchen Sie täglich Kontakt mit ihm durch Bibellesen und Gebet. Auch der Kontakt mit anderen Christen hilft, als Christ zu wachsen. Jesus Christus schenkt Ihnen Kraft und Mut für die Nachfolge.

> *„Wenn jemand mir dient, so folge er mir nach! Und wo ich bin, da wird auch mein Diener sein. Wenn mir jemand dient, so wird der Vater ihn ehren."* (Johannes 12,26)

BUCHEMPFEHLUNG:

Hartmut Jaeger

Warum das alles?

Denkanstöße und persönliche Erfahrungen im Leid

Best. Nr.: 273.286
Taschenbuch, 62 S.
DM 4,80; € 2,50
Staffelpreis ab 10 Stück:
DM 3,80; € 2,00

Trotz der Fortschritte in der modernen Medizin und immer besserer Technik, die unseren Lebensalltag begleitet, begegnet uns persönlich und in unserem Umfeld weiterhin oft unbegreifliches Leid.

In diesem Buch versucht der Autor, Hilfen zu geben, die Verzweiflung zu überwinden und bohrende Fragen zur Ruhe kommen zu lassen.

Eine Reihe von Christen erzählen, wie sie mit Leid in ihrem Leben umgegangen sind.

Hartmut Jaeger, verheiratet und Vater von drei Töchtern, ausgebildet als Lehrer, ist Autor und Herausgeber verschiedener Bücher. Außerdem ist er landesweit als Referent zu Glaubensfragen unterwegs und in der Schulungsarbeit an Eltern und Erziehern tätig.

– *Leseprobe umseitig* –

LESEPROBE: Warum das alles?

Naturkatastrophen – und in der Regel auch Krankheiten – kann man nicht auf das Verschulden anderer Menschen zurückführen. Die Schuldfrage ist fehl am Platz. Und hier zeigt sich eine weitere Dimension des Leids – aus menschlicher Sicht die schwierigste.

Januar 1996 – ich soll eine Beerdigung halten. Der Verstorbene hat seine Frau und fünf Kinder hinterlassen. Er ist 42 Jahre alt geworden und war für mich ein vorbildlicher Christ. Viele haben monatelang für ihn gebetet. Und dennoch musste er sterben. Und wieder wird die Frage laut: „*Warum? Warum gerade er, da er doch so dringend für seine Familie gebraucht wird?*“

Um überhaupt im Ansatz Antworten auf diese Fragen zu finden, sollten wir uns zunächst einmal fragen, welches Gottesbild wir eigentlich haben.

Das Gottesbild der Bibel

Oft wird folgendermaßen kombiniert: Wir erleben Krankheit. Wir sehen die zerstörte Schöpfung. Wir wissen ganz genau, dass vieles chaotisch läuft. Und was tun wir? Wir ziehen aus der Beobachtung in dieser Welt Rückschlüsse auf das Wesen eines unsichtbaren Gottes. Und dann wird gesagt:

> *„Wenn Gott Liebe ist, dann kann er doch unmöglich zulassen, dass Menschen leiden..."*

Wir beobachten also Leid in dieser Welt und ziehen den Schluss, diese Beobachtung sei nicht in Übereinstimmung zu bringen mit dem Wesen der Liebe Gottes. Wie kann Gott Liebe sein und solch ein Leid im Leben eines Menschen zulassen?

Welche Informationen über Gott müssen wir denn zur Beantwortung der Leidfrage berücksichtigen?

Betrachten wir dazu folgende drei Aspekte:

1. Gott hat das Böse nicht gewollt
2. Gott ist Liebe
3. Unser Gott ist ein mitfühlender Gott

– Ende der Leseprobe –

idea

Spektrum

Nachrichten und Meinungen aus der evangelischen Welt

brandaktuelle Nachrichten, Kommentare und Hintergrundberichte über:

Theologie, Kirchen, Politik, Mission, Gemeinde, Seelsorge, Christenheit weltweit u.a.

- **größter Anzeigenmarkt**
  der überregionalen evangelischen Presse
  – mit zahlreichen Stellen-, Reise-, Wohnungs- und anderen Angeboten

- **für engagierte Christen**
  in Landes- und Freikirchen

- **Im Internet finden Sie ideaSpektrum in Auszügen**
  sowie weitere Informationen über die Arbeitsbereiche von idea: **www.idea.de**

Bestellen Sie jetzt Ihr Schnupper-Abo:
8 Ausgaben für nur 14,30 DM

Tel: 06441/915-122
Fax: 06441/915-148
E-Mail: idea@idea.de

Das aktuelle

Nachrichtenmagazin

für engagierte Christen

Hintergründe
Fakten

Trends
Meinungen

idea e.V.
Postfach 1820
35528 Wetzlar

E-Mail: idea@idea.de
Internet: www.idea.de

BESTELLCOUPON

Buchbestellung: **Warum das alles?**

für nur DM **4,80**/ab 10 Stk. **3.80**

ab 2002 € **2,50**/ab 10 Stk. € **2.00**

Meine Bestellung: ☐☐ **Stk.**

Buchbestellung: **Aus der Traum?**

für nur DM **4,80**/ab 10 Stk. **3.80**

ab 2002 € **2,50**/ab 10 Stk. € **2.00**

Meine Bestellung: ☐☐ **Stk.**

Jetzt per Fax unter: **02772830-230**

Oder bei Ihrer örtlichen Buchhandlung!

Name: ______________________________

Adresse: ______________________________

____